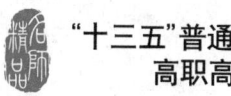

"十三五"普通高等教育规划教材
高职高专会计系列

财务报表阅读与分析

主　编　孙振丹
副主编　王美芬

立信会计出版社
LIXIN ACCOUNTING PUBLISHING HOUSE

图书在版编目(CIP)数据

财务报表阅读与分析 / 孙振丹主编. —上海：立
信会计出版社,2019.8
ISBN 978 - 7 - 5429 - 6271 - 3

Ⅰ.①财… Ⅱ.①孙… Ⅲ.①会计报表—会计分析—
高等职业教育—教材　Ⅳ.①F231.5

中国版本图书馆 CIP 数据核字(2019)第 186123 号

策划编辑　　王斯龙
责任编辑　　王斯龙
封面设计　　南房间

财务报表阅读与分析

出版发行　　立信会计出版社
地　　址　　上海市中山西路 2230 号　　邮政编码　　200235
电　　话　　(021)64411389　　　　　　传　真　(021)64411325
网　　址　　www. lixinaph. com　　　　电子邮箱　lixinaph2019@126. com
网上书店　　http://lixin. jd. com　　　　http://lxkjcbs. tmall. com
经　　销　　各地新华书店

印　　刷　　上海天地海设计印刷有限公司
开　　本　　787 毫米×1092 毫米　　　　1/16
印　　张　　10.75
字　　数　　240 千字
版　　次　　2019 年 8 月第 1 版
印　　次　　2019 年 8 月第 1 次
印　　数　　1—3100
书　　号　　ISBN 978 - 7 - 5429 - 6271 - 3/F
定　　价　　31.00 元

如有印订差错,请与本社联系调换

前言 *Foreword*

　　企业财务报表数据隐藏着大量的信息,阅读、分析、披露这些信息,已成为一项越来越迫切的工作。财务报表阅读与分析是一项专业性强、实践性强,并且讲究方法和技巧的工作,只有真正理解财务报表的数据,熟练掌握报表分析方法及技巧,运用报表分析指标,才能知晓财务报表信息的价值。本教材通过简洁通俗的语言、直观明了的图表以及现时生动的案例,让读者在轻松愉悦的氛围中了解、掌握财务报表阅读与分析的基础知识。本教材从财务报表的本质入手,将财务报表项目加以简化,透视财务报表最核心的内容,轻松抓住关键知识,了解财务报表数字的含义。在与财务报表数字信息的沟通中,读者将发现企业问题之所在,企业价值之所在。

　　本教材将报表分析与行业分析结合起来。由于行业之间差距很大,同一指标在不同行业之间的含义是不同的,因此本教材的案例分析都考虑到了行业的影响,将专业的指标介绍和细致的案例分析相结合。与此同时,本教材对报表分析理论和方法的介绍力求全面、系统,注重同指标之间的联系,比如在分析偿债能力时,会考虑盈利能力、营运能力的影响;同样在分析盈利能力时,会考虑营运能力、发展能力的影响。

　　本教材的主要内容如下:

　　第一章至第五章,介绍了财务报表阅读与分析必须了解和掌握的入门知识,财务报表的框架和内容,常用的三大报表之间的勾稽关系,基本的报表分析方法、财务报表分析的内容和指标;还介绍了如何撰写有关的报表分析报告以及阅读财务报表需要具备的会计知识。

　　第六章主要从企业的盈利能力、经营效率、偿债能力和成长性四个方面,对财务报表的比率分析、因果分析、趋势分析等指标计算进行解析,在此基础上介绍了如何对财务报表进行综合分析,弄清每个关键项目的来龙去脉,以便为后面对财务报表进行全面综合分析打下基础。

第七章是本教材的核心内容。财务分析是专业性很强的一种技能,讲究方法和技巧,本篇深入、全面、系统地介绍了报表分析的一整套知识,深入浅出,通俗易懂,并通过大量的实例来讲解每一个财务指标,力求实现理论、方法与实际应用的紧密结合,为投资建议与决策找到依据。

编者

目录 *Contents*

第一章　概　述 ··· 1

　　第一节　财务报表编制概述 ·· 2

　　第二节　财务报表阅读概述 ·· 3

　　第三节　报表分析概述 ·· 12

第二章　资产负债表的认知 ··· 15

　　第一节　资产负债表项目认知 ····································· 16

　　第二节　资产负债表质量认知 ····································· 27

第三章　利润表的认知 ·· 33

　　第一节　利润表项目认知 ·· 34

　　第二节　利润表质量认知 ·· 41

第四章　现金流量表的认知 ··· 45

　　第一节　现金流量表项目认知 ····································· 46

　　第二节　现金流量表质量认知 ····································· 53

第五章　所有者权益变动表的认知 ⋯⋯⋯⋯⋯⋯⋯⋯⋯⋯⋯⋯⋯ 55

　　第一节　所有者权益变动表项目认知 ⋯⋯⋯⋯⋯⋯⋯⋯⋯⋯ 56

　　第二节　所有者权益变动表质量认知 ⋯⋯⋯⋯⋯⋯⋯⋯⋯⋯ 59

第六章　财务报表阅读与分析指标(以伊利股份为例) ⋯⋯⋯⋯ 67

　　第一节　伊利股份简介 ⋯⋯⋯⋯⋯⋯⋯⋯⋯⋯⋯⋯⋯⋯⋯ 68

　　第二节　企业盈利能力分析 ⋯⋯⋯⋯⋯⋯⋯⋯⋯⋯⋯⋯⋯ 76

　　第三节　企业经营效率分析 ⋯⋯⋯⋯⋯⋯⋯⋯⋯⋯⋯⋯⋯ 86

　　第四节　企业偿债能力分析 ⋯⋯⋯⋯⋯⋯⋯⋯⋯⋯⋯⋯⋯ 94

　　第五节　企业发展能力分析 ⋯⋯⋯⋯⋯⋯⋯⋯⋯⋯⋯⋯⋯ 107

　　第六节　企业财务综合分析 ⋯⋯⋯⋯⋯⋯⋯⋯⋯⋯⋯⋯⋯ 109

　　第七节　财务综合指标体系与财务报表分析报告 ⋯⋯⋯⋯⋯ 118

第七章　财务报表阅读与分析案例 ⋯⋯⋯⋯⋯⋯⋯⋯⋯⋯⋯ 127

　　第一节　贵州茅台财务报表分析 ⋯⋯⋯⋯⋯⋯⋯⋯⋯⋯⋯ 128

　　第二节　海康威视财务报表分析 ⋯⋯⋯⋯⋯⋯⋯⋯⋯⋯⋯ 139

　　第三节　东方财富财务报表分析 ⋯⋯⋯⋯⋯⋯⋯⋯⋯⋯⋯ 152

名师精品·

Gaozhiguozhuan Kuaiji Xilie

高职高专会计系列

第 一 章

概　述

项目描述

　　财务报表是会计要素确认、计量和记录的总括反映。一套完整的财务报表至少应当包括资产负债表、利润表、现金流量表、所有者权益（或股东权益）变动表以及附注，简称"四表一注"。

Project Description

第一节　财务报表编制概述

一、财务报表的概念与分类

（一）财务报表的概念

财务报表是对企业财务状况、经营成果和现金流量的结构性表述。

1. 资产负债表

资产负债表反映企业在某一特定日期所拥有的资产、需要偿还的债务以及股东所拥有的净资产情况。

2. 利润表

利润表反映企业在一定会计期间的经营成果，即利润或亏损情况。

3. 现金流量表

现金流量表反映企业在一定会计期间现金和现金等价物流入和流出的情况。

4. 所有者权益变动表

所有者权益变动表反映构成所有者权益的各组成部分当期的增减变动情况。

5. 附注

附注是财务报表不可或缺的组成部分，是对在资产负债表、利润表、现金流量表和所有者权益变动表等报告中列示项目的文字描述或明细资料，以及对未能在这些报表中列示项目的说明等。

（二）财务报表的分类

财务报表的分类如表1.1所示。

表 1.1

财务报表的分类

分类标准	具体类别
按编报期间不同	中期财务报表(半年报、季报、月报)
	年度财务报表
按编报主体不同	个别财务报表
	合并财务报表
按反映的资金运动状态不同	静态财务报表
	动态财务报表

二、财务报表编制的基本要求

财务报表编制的基本要求如下。

（1）以持续经营为基础编制。

（2）按正确的会计基础编制。

（3）至少按年编制财务报表。

（4）项目列报遵循重要性原则。

（5）保持各个会计期间财务报表项目列报的一致性。

（6）各项目之间的金额不得互相抵销。

（7）至少应当提供所有列报项目上一个可比会计期间的比较数据。

（8）应当在财务报表的显著位置披露编报企业的名称等重要信息。

第二节　财务报表阅读概述

一、财务报表的作用

（一）资产负债表的作用

（1）资产负债表可以提供某一日期资产的总额及其结构，表明企业拥有或控制的资源及其分布情况。使用者可以一目了然地从资产负债表上了解企业在某一特定日期所拥有的资产总量及其结构。

（2）资产负债表可以提供某一日期的负债总额及其结构，表明企业未来需要用多少资产或劳务清偿债务及清偿时间。

（3）资产负债表可以反映所有者所拥有的权益，据以判断资本保值、增值的情况以及对负债的保障程度。

（4）资产负债表可以提供进行报表分析的基本资料。例如，将流动资产与流动负债进行比较，计算出流动比率等指标，可以反映企业的变现能力、偿债能力和资金周转能力，从而有助于报表使用者作出经济决策。

（二）利润表的作用

（1）反映一定会计期间收入的实现情况。

（2）反映一定会计期间费用的耗用情况。

（3）反映企业经济活动成果的实现情况，据以判断资本保值增值等情况。

（4）帮助报表使用者全面了解企业的经营成果，判断净利润的质量及其风险，分析企业的盈利能力，预测净利润的持续性等。

（三）现金流量表的作用

（1）有助于投资者、债权人评估企业未来的现金流量。

（2）有助于投资者、债权人评估企业偿还债务、支付股利和对外筹资的能力。

（3）有助于财务报表使用者分析本期净利润与经营活动现金流量差异的原因。

（4）有助于报表使用者评估报告期内与现金有关和无关的投资及筹资活动。

（四）所有者权益变动表的作用

（1）所有者权益变动表为公允价值的广泛运用创造条件。

（2）所有者权益变动表提供更加全面的财务信息。

（3）所有者权益变动表有利于全方面反映企业的经营业绩。

通过所有者权益变动表可以了解企业会计期间内影响所有者权益增减变动的具体原因，判断构成所有者权益各个项目变动的合法性与合理性，为经济决策提供依据和新的思路。

（五）附注的作用

财务报表中的数字是经过分类与汇总后的结果，是对企业发生的经济业务的高度简化和浓缩的数字，如果没有形成这些数字所使用的会计政策和理解这些数字所必需的披露，财务报表就不可能充分发挥效用。因此，附注与资产负债表、利润表、现金流量表、所有者权益变动表等财务报表具有同等的重要性，是财务报表的重要组成部分。财务报表使用者要了解企业的财务状况、经营成果和现金流量，应当全面阅读附注。

二、报表的结构

（一）资产负债表的结构

资产负债表是指反映企业在某一特定日期的财务状况的报表。资产负债表主要反映资产、负债和所有者权益三方面的内容，并满足"资产＝负债＋所有者权益"平衡式。

我国企业的资产负债表采用账户式结构。账户式资产负债表分左、右两方，左方为资产项目，大体按资产的流动性大小排列，流动性大的排在前面，流动性小的排在后面。右方为负债和所有者权益项目，一般按要求按清偿时间的先后顺序排列。在企业清算之前不需要偿还的所有者权益项目排在后面。资产负债表的结构如表1.2所示。

表1.2

资产负债表　　　　　　　　　　　会企01表

编制单位：　　　　　　　　　　＿＿＿年＿＿月＿＿日　　　　　　　　单位：元

资产	期末余额	上年年末余额	负债和所有者权益（或股东权益）	期末余额	上年年末余额
流动资产：			流动负债：		
货币资金			短期借款		
交易性金融资产			交易性金融负债		

(续表)

资产	期末余额	上年年末余额	负债和所有者权益（或股东权益）	期末余额	上年年末余额
衍生金融资产			衍生金融负债		
应收票据			应付票据		
应收账款			应付账款		
应收款项融资			预收款项		
预付款项			合同负债		
其他应收款			应付职工薪酬		
存货			应交税费		
合同资产			其他应付款		
持有待售资产			持有待售负债		
一年内到期的非流动资产			一年内到期的非流动负债		
其他流动资产			其他流动负债		
流动资产合计			流动负债合计		
非流动资产：			非流动负债：		
债权投资			长期借款		
其他债权投资			应付债券		
长期应收款			其中：优先股		
长期股权投资			永续债		
其他权益工具投资			租赁负债		
其他非流动金融资产			长期应付款		
投资性房地产			预计负债		
固定资产			递延收益		
在建工程			递延所得税负债		
生产性生物资产			其他非流动负债		
油气资产			非流动负债合计		
使用权资产			负债合计		
无形资产			所有者权益（或股东权益）：		
开发支出			实收资本（或股本）		
商誉			其他权益工具		
长期待摊费用			其中：优先股		
递延所得税资产			永续债		
其他非流动资产			资本公积		
非流动资产合计			减：库存股		

（续表）

资产	期末余额	上年年末余额	负债和所有者权益 （或股东权益）	期末余额	上年年末余额
			其他综合收益		
			专项储备		
			盈余公积		
			未分配利润		
			所有者权益（或股东权益）合计		
资产总计			负债和所有者权益（或股东权益）总计		

（二）利润表的结构

我国企业的利润表采用多步式格式，如表 1.3 所示。

表 1.3

利 润 表

会企 02 表

编制单位： ＿＿年＿＿月

单位:元

项　目	本期金额	上期金额
一、营业收入		
减：营业成本		
税金及附加		
销售费用		
管理费用		
研发费用		
财务费用		
其中：利息费用		
利息收入		
加：其他收益		
投资收益（损失以"－"号填列）		
其中：对联营企业和合营企业的投资收益		
以摊余成本计量的金融资产终止确认收益（损失以"－"号填列）		
净敞口套期收益（损失以"－"号填列）		
公允价值变动收益（损失以"－"号填列）		
信用减值损失（损失以"－"号填列）		
资产减值损失（损失以"－"号填列）		
资产处置收益（损失以"－"号填列）		
二、营业利润（亏损以"－"号填列）		

(续表)

项　目	本期金额	上期金额
加：营业外收入		
减：营业外支出		
三、利润总额（亏损总额以"－"号填列）		
减：所得税费用		
四、净利润（净亏损以"－"号填列）		
（一）持续经营净利润（净亏损以"－"号填列）		
（二）终止经营净利润（净亏损以"－"号填列）		
五、其他综合收益的税后净额		
（一）不能重分类进损益的其他综合收益		
1. 重新计量设定受益计划变动额		
2. 权益法下不能转损益的其他综合收益		
3. 其他权益工具投资公允价值变动		
4. 企业自身信用风险公允价值变动		
……		
（二）将重分类进损益的其他综合收益		
1. 权益法下可转损益的其他综合收益		
2. 其他债权投资公允价值变动		
3. 金融资产重分类计入其他综合收益的金额		
4. 其他债权投资信用减值准备		
5. 现金流量套期储备		
6. 外币财务报表折算差额		
……		
六、综合收益总额		
七、每股收益：		
（一）基本每股收益		
（二）稀释每股收益		

（三）现金流量表的结构

企业的现金流量有两种形式，即现金流入量与现金流出量。现金流入量与现金流出量的差额为现金净流量。现金流量表主要由三部分组成，分别反映企业在经营活动、投资活动和筹资活动中产生的现金流量。每一种活动产生的现金流量又分别揭示流入、流出总额，使会计信息更具明晰性和有用性。

现金流量表的结构包括现金流入结构、现金流出结构，可列表进行分析。

名师精品·

Gaozhigaozhuan Kuaiji Xilie

高职高专会计系列

现金流量的质量是指企业的现金流量能够按照企业的预期目标进行运转的质量。现金流量的质量一般从现金流量是否符合企业发展战略的需要,是否满足企业当前稳定发展的需要两个方面体现出来。

(四) 所有者权益变动表的结构

由于所有者权益的结构是复杂的,且其变化原因更加复杂,关注企业所有者权益变动结构,对评估企业的发展前景及所有者财富增减变化的趋势是十分有意义的。为了清楚地表明构成所有者权益的各组成部分当期的增减变动情况,所有者权益变动表应当以矩阵的形式列示;另按照所有者权益各组成部分(包括实收资本、其他权益工具、资本公积、其他综合收益、盈余公积、未分配利润和库存股)及其总额列示交易或事项对所有者权益的影响。此外,企业还需要提供比较所有者权益变动表,因此,所有者权益变动表还就各项目再分为"本年金额"和"上年金额"两栏分别填列。

在所有者权益变动表上,企业至少应当单独列示反映下列信息的项目:①综合收益总额;②会计政策变更和差错更正的累积影响金额;③所有者投入资本和向所有者分配利润等;④提取的盈余公积;⑤所有者权益各组成部分的期初和期末余额及其调节情况。

(五) 附注的结构

附注的主要内容包括:企业的基本情况;财务报表的编制基础;遵循企业会计准则的声明;重要会计政策和会计估计;会计政策和会计估计变更以及差错更正的说明;报表重要项目的说明;或有事项和承诺事项、资产负债表日后非调整事项、关联方关系及其交易等需要说明的事项;有助于财务报表使用者评价企业管理资本的目标、政策及程序的信息。

对于其他综合收益,企业应当披露下列信息。

(1) 其他综合收益各项目及其所得税影响。

(2) 其他综合收益各项目原计入其他综合收益、当期转出计入当期损益的金额。

(3) 其他综合收益各项目的期初和期末余额及其调节情况。

三、报表的勾稽关系

(一) 资产负债表的主体公式

$$资产=负债+所有者权益$$

上述等式又可细化为:

$$流动资产+非流动资产=(流动负债+非流动负债)+所有者权益$$

(二) 利润表的主体公式

$$利润=收入-费用$$

具体细化见利润表。

（三）现金流量表的主体公式

$$现金净流量＝现金流入量－现金流出量$$

具体细化见现金流量表。

现金流量表正表中的第一项经营活动产生的现金流量净额,与补充资料第一项中的经营活动产生的现金流量净额,应当核对相符。正表中的第五项现金及现金等价物净增加额,与补充资料中的第三项中的现金及现金等价物净增加额,两者的金额应当一致。正表中的数字是流入与流出的差额,补充资料中的数字是期末数与期初数的差额,两者计算依据不同但结果应当一致,并核对相符。

（四）所有者权益变动表的主体公式

所有者权益本年年末余额主要是由本年年初余额和本年增减变动金额组成,本年年初余额主要包括上年年末余额和会计政策变更、前期差错更正等;本年增减变动金额主要包括综合收益总额、所有者投入和减少资本、利润分配、所有者权益内部结转四项。所有者权益变动表各个项目之间的关系具体见下列公式。

$$BY = BC + BB$$

其中：
$$BC = SY + KC + QC$$
$$BB = Z + S + P + N$$

可得：
$$BY = BC + BB = SY + KC + QC + Z + S + P + N$$

式中：SY——上年期末余额、BC——本年期初余额、BB——本年增减变动金额、BY——本年年末余额、KC——会计政策变更、QC——前期差错更正、Z——综合收益总额、S——所有者投入和减少资本、P——利润分配、N——所有者权益内部结转。

（五）报表勾稽关系

1. 资产负债表与利润表的勾稽关系

根据资产负债表中短期投资、长期投资,复核、匡算利润表中"投资收益"的合理性。如关注是否存在资产负债表中没有投资项目而利润表中却列有投资收益,以及投资收益大大超过投资项目的本金等异常情况。根据资产负债表中固定资产、累计折旧金额,复核、匡算利润表中"管理费用—折旧费"的合理性。结合生产设备的增减情况和开工率、能耗消耗,分析利润表中主营业务收入的变动是否存在产能和能源消耗支撑。

2. 资产负债表与所有者权益变动表的勾稽关系

所有者权益变动表中"未分配利润"项目与资产负债表"未分配利润"项目数据勾稽关系是否恰当。注意所有者权益变动表中,"年初未分配利润"项目"本年累计数"栏的数额应等于"未分配利润"项目"上年数"栏的数额,应等于资产负债表"未分配利润"项目的期初数。

3. 现金流量表与资产负债表、利润表相关项目的勾稽关系

资产负债表"货币资金"项目期末与期初差额，与现金流量表"现金及现金等价物净增加额"勾稽关系是否合理。一般企业的"现金及现金等价物"所包括的内容大多与"货币资金"口径一致。现金流量表中的"净利润"等于利润表中的"净利润"，如图 1.1 所示。

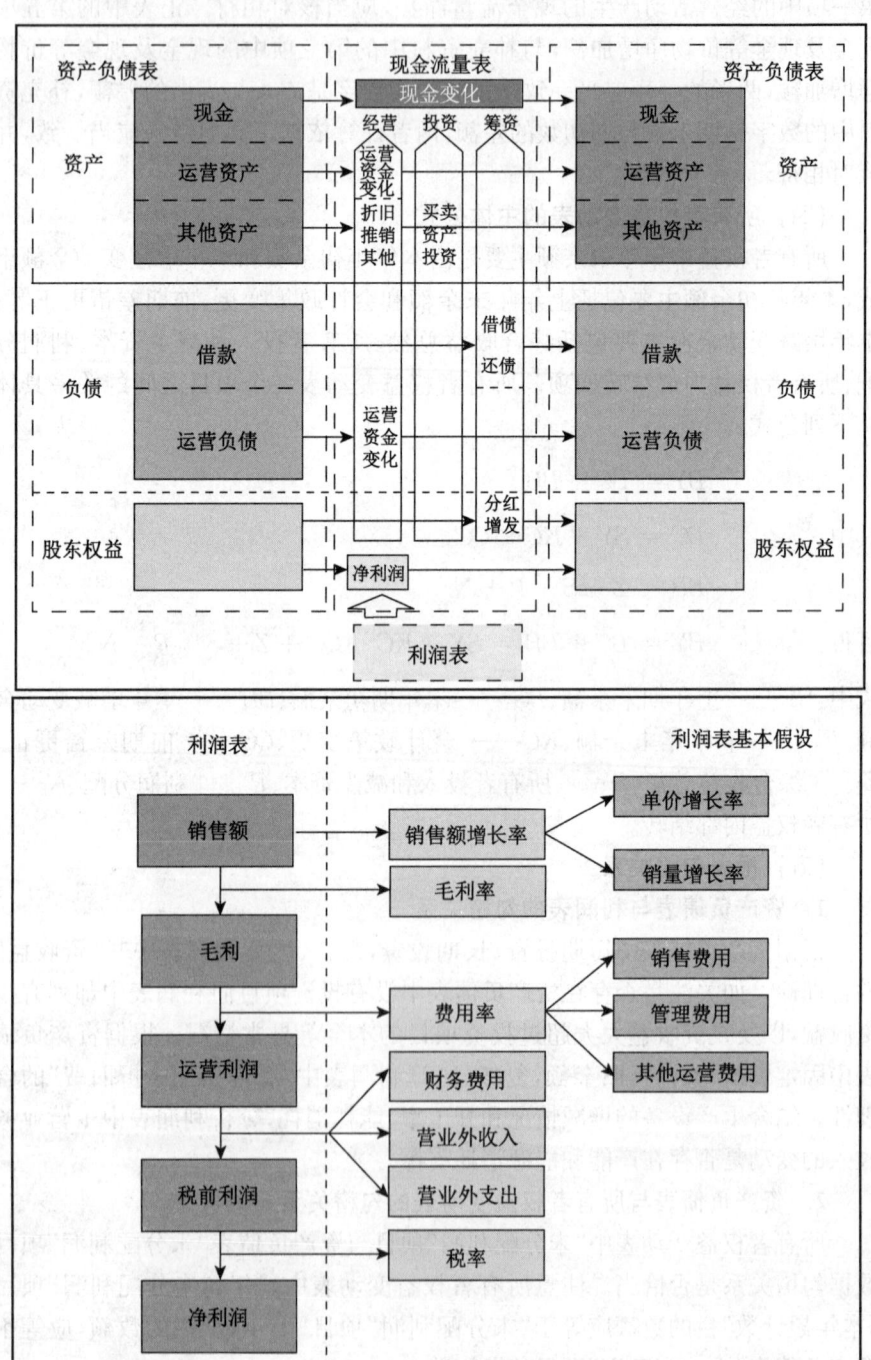

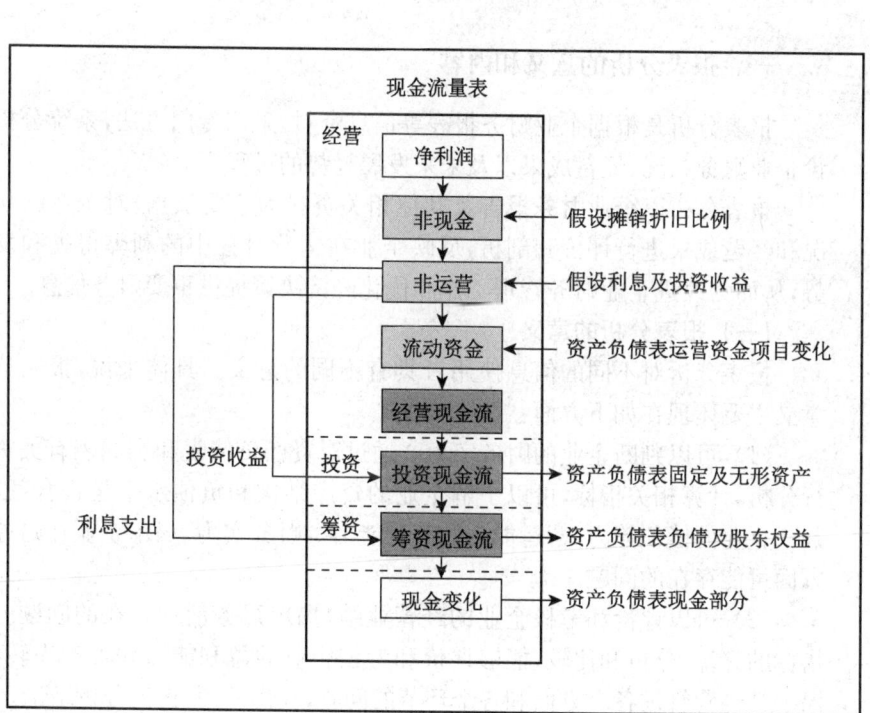

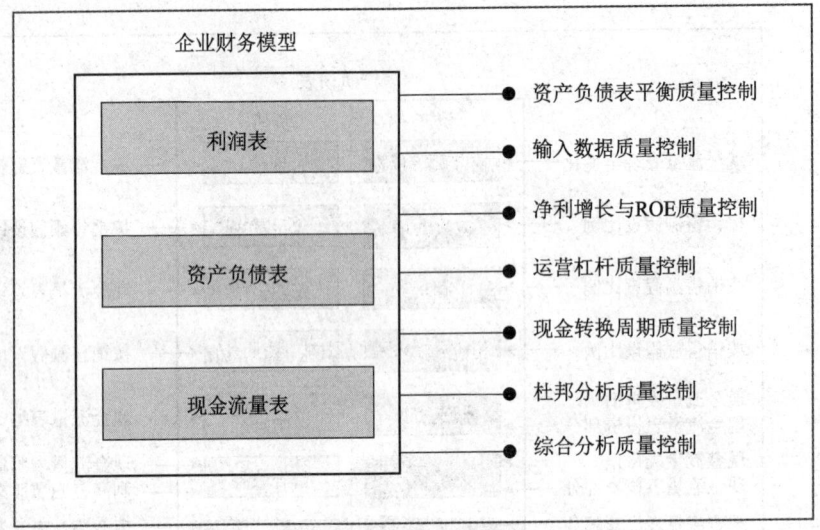

图 1.1　现金流量表与资产负债表、利润表相关的勾稽关系

第三节　报表分析概述

一、报表分析的意义和内容

报表分析是根据企业财务报表等信息资料,采用专门方法,系统分析和评价企业财务状况、经营成果以及未来发展趋势的过程。

报表分析以企业财务报告及其他相关资料为主要依据,对企业的财务状况和经营成果进行评价和剖析,反映企业在运营过程中的利弊得失和发展趋势,从而为改进企业财务管理工作和优化经济决策提供重要财务信息。

(一)报表分析的意义

报表分析对不同的信息使用者具有不同的意义。具体来说,报表分析的意义主要体现在如下方面:

(1)可以判断企业的财务实力。通过对资产负债表和利润表有关资料进行分析,计算相关指标,可以了解企业的资产结构和负债水平是否合理,从而判断企业的偿债能力、营运能力及获利能力等财务实力,揭示企业在财务状况方面可能存在的问题。

(2)可以评价和考核企业的经营业绩,揭示财务活动存在的问题。通过指标的计算、分析和比较,能够评价和考核企业的盈利能力和资产周转状况,揭示其经营管理各个方面和各个环节的问题,找出差距,得出分析结论。

(3)可以挖掘企业潜力,寻求提高企业经营管理水平和经济效益的途径。企业进行报表分析的目的不仅仅是发现问题,更重要的是分析问题和解决问题。通过报表分析,应保持和进一步发挥生产经营管理中成功的经验,对存在的问题应提出解决的策略和措施,以达到扬长避短、提高经营管理水平的经济效益的目的。

（4）可以评价企业的发展趋势。通过各种报表分析,可以判断企业的发展趋势,预测其生产经营的前景及偿债能力,从而为企业领导层进行生产经营决策、投资者进行投资决策和债权人进行信贷决策提供重要的依据,避免因决策错误给其带来重大的损失。

（二）报表分析的内容

报表分析信息的需求者主要包括企业所有者、企业债权人、企业经营决策者和政府等。不同主体出于不同的利益考虑,对报表分析信息有着各自不同的要求。

（1）企业所有者作为投资人,关心其资本的保值和增值状况,因此较为重视企业获利能力指标,主要进行企业盈利能力分析。

（2）企业债权人因不能参与企业剩余收益分享,先关注的是其投资的安全性,因此更重视企业偿债能力指标,主要进行企业偿债能力分析,同时也关注企业盈利能力分析。

（3）企业经营决策者必须对企业经营理财的各个方面,包括营运能力、偿债能力、获利能力及发展能力的全部信息予以详尽地了解和掌握,主要进行各方面综合分析,并关注企业财务风险和经营风险。

（4）政府兼具多重身份,既是宏观经济管理者,又是国有企业的所有者和重要的市场参与者,因此政府对企业报表分析的关注点因所具身份不同而异。

尽管不同企业的经营状况、经营规模、经营特点不同,但作为运用价值形式进行的报表分析,归纳起来其分析的内容不外乎偿债能力分析、营运能力分析、获利能力分析、发展能力分析和综合能力分析五个方面。

二、报表分析的局限性

报表分析对于了解企业的财务状况和经营成绩,评价企业的偿债能力和经营能力,帮助制定经济决策有着显著的作用。但由于种种因素的影响,报表分析也存在着一定的局限性。在分析中,应注意这些局限性的影响,以保证分析结果的正确性。

（一）资料来源的局限性

1. 报表数据的时效性问题

财务报表中的数据,均是企业过去经济活动的结果和总结,用于预测未来发展趋势,只有参考价值,并非绝对合理。

2. 报表数据的真实性问题

在企业形成其财务报表之前,信息提供者往往对信息使用者所关注的财务状况以及对信息的偏好进行仔细分析与研究,并尽力满足信息使用者对企业财务状况和经营成果信息的期望。其结果极有可能使信息使用者所看到的报表信息与企业实际状况相距甚远,从而误导信息使用者的决策。

3. 报表数据的可靠性问题

财务报表虽然是按照会计准则编制的,但不一定能准确地反映企业的客观实际。例如:报表数据未按通货膨胀进行调整;某些资产以成本计价,并不代表其现在的真实价值；许多支出在记账时存在灵活性，既可以作为当期费用，也可以作为资本项目在以后年度摊销；很多资产以估计值入账，但未必正确；偶然事件可能歪曲本期的损益，不能反映盈利的正常水平。

4. 报表数据的可比性问题

根据会计准则的规定，不同的企业或同一个企业的不同时期都可以根据情况采用不同的会计政策和会计处理方法，使得报表上的数据在企业不同时期和不同企业之间的对比在很多时候失去意义。

5. 报表数据的完整性问题

由于报表本身的原因，其提供的数据是有限的。对报表使用者来说，可能不少需要的信息在报表或附注中根本找不到。

（二）报表分析方法的局限性

对于比较分析法来说，在实际操作时，比较的双方必须具备可比性才有意义。对于比率分析法来说，比率分析是针对单个指标进行分析，综合程度较低，在某些情况下无法得出令人满意的结论；比率指标的计算一般都是建立在以历史数据为基础的财务报表之上的，这使比率指标提供的信息与决策之间的相关性大打折扣。对于因素分析法来说，在计算各因素对综合经济指标的影响额时，主观假定各因素的变化顺序而且规定每次只有一个因素发生变化，这些假定往往与事实不符。并且，无论何种分析法均是对过去经济事项的反映。随着环境的变化，这些比较标准也会发生变化。而在分析时，分析者往往只注重数据的比较，而忽略经营环境的变化，这样得出的分析结论也是不全面的。

（三）报表分析指标的局限性

1. 财务指标体系不严密

每一个财务指标只能反映企业的财务状况或经营状况的某一方面，每一类指标都过分强调本身所反映的方面，导致整个指标体系不严密。

2. 财务指标所反映的情况具有相对性

在判断某个具体财务指标是好还是坏，或根据一系列指标形成对企业的综合判断时，必须注意财务指标本身所反映情况的相对性。因此，在利用财务指标进行分析时，必须掌握好对财务指标的"信任度"。

3. 财务指标的评价标准不统一

比如，对流动比率，人们一般认为指标值为 2 比较合理，速动比率则认为 1 比较合适，但许多成功企业的流动比率都低于 2，不同行业的速动比率也有很大差别，如采用大量现金销售的企业，几乎没有应收账款，速动比率大大低于 1 是很正常的。相反，一些应收账款较多的企业，速动比率可能要大于 1。因此，在不同企业之间用财务指标进行评价时没有一个统一的标准，不便于不同行业间的对比。

4. 财务指标的计算口径不一致

比如，对反映企业营运能力的指标，分母的计算可用年末数，也可用平均数，而平均数的计算又有不同的方法，这些都会导致计算结果不一样，不利于评价比较。

名师精品·
高职高专会计系列
Gaozhigaozhuan Kuaiji Xilie

第二章

资产负债表的认知

项目描述

　　资产负债表是反映企业在某一特定日期所拥有的或控制的经济资源、所承担的现时义务和所有者对净资产的要求权的财务报表。它是根据资产、负债和所有者权益(或股东权益,下同)之间的相互关系,按照一定的分类标准和一定的顺序,把企业某一日期的资产、负债和所有者权益各项目予以适当排列,并对日常工作中形成的大量数据进行高度浓缩整理后再编制而成的。其作用主要表现在以下方面:资产负债表可以提供某一日期的资产总额及其构成,表明企业拥有或控制的资源及其分布情况;资产负债表可以提供某一日期的负债总额及其构成,表明企业未来需要用多少资产或劳务清偿债务以及清偿的时间;资产负债表有助于评价企业的资本结构、财务弹性;资产负债表可以提供某一日期的所有者权益的构成情况,表明企业所有者所拥有的权益,据以判断资产保值、增值的情况以及对负债的保障程度,反映企业财务状况的发展趋势。

Project Description

第一节　资产负债表项目认知

资产负债表采用账户式结构。账户式资产负债表分左、右两方。其左方为资产项目,大体按资产的流动性大小排列,流动性大的资产,如"货币资金""交易性金融资产"等,排在前面;流动性小的资产,如"长期股权投资""固定资产"等,排在后面。其右方为负债和所有者权益项目,一般按要求清偿时间的先后顺序排列,如"短期借款""应付票据""应付账款"等需要在1年以内或者长于1年的一个正常营业周期内偿还的流动负债排在前面,"长期借款"等在1年以上才需偿还的非流动负债排在中间,在企业清算之前不需要偿还的所有者权益项目排在后面。

账户式资产负债表中的资产各项目的合计等于负债和所有者权益各项目的合计,即资产负债表左方和右方平衡。因此,通过账户式资产负债表,可以反映资产、负债和所有者权益之间的内在关系,即"资产＝负债＋所有者权益"。

账户式资产负债的格式参见表1.2。

一、认知资产负债表的编制方法

资产负债表的数据主要来自会计账簿记录,我国资产负债表主体部分的各项目都有"期末余额"和"上年年末余额"两个栏目,属于比较资产负债表。有的项目应根据有关科目的期末余额填列,有的项目应按有关科目调整后的期末余额填列。有关项目的具体填列方法如下。

（一）上年年末余额的填列方法

资产负债表中"上年年末余额"栏内各项目数字,应根据上年年末资产负债表"期末余额"栏内所列数字填列。如果本年度资产负债表规定的各个项目的名称和上年度不一致,应将上年年末资产负债表各项目的名称和数字按照本年度的规定进行调整,按调整后的数字填入本年度资产负债表"上年年末余额"栏目内。

（二）期末余额的填列方法

资产负债表中"期末余额"栏的填列方法有以下五种。

1. 根据总账科目余额填列

（1）根据总账科目的余额直接填列。"交易性金融资产""递延所得税资产""短期借款""交易性金融负债""应交税费""预计负债""递延收益""递延所得税负债""实收资本(或股本)""库存股""资本公积""其他综合收益""盈余公积"等项目,应根据有关总账科目的余额填列。

（2）根据几个总账科目的期末余额计算填列。例如,货币资金＝库存现金＋银行存款＋其他货币资金。

2. 根据明细科目余额计算填列

（1）应付账款＝应付账款所属明细科目贷方余额＋预付账款所属明细科目贷方余额。

（2）预付款项＝应付账款所属明细科目借方余额＋预付账款所属明细科目借方余额－有关的坏账准备贷方余额。

（3）应收账款＝应收账款所属明细科目借方余额＋预收账款所属明细科目借方余额－与应收账款有关的坏账准备贷方余额。

（4）预收款项＝应收账款所属明细科目贷方余额＋预收账款所属明细科目贷方余额。

（5）"应付职工薪酬"项目，应根据"应付职工薪酬"科目的明细科目期末余额分析填列。

3. 根据总账科目和明细科目的余额分析计算填列

（1）"长期借款"项目，应根据"长期借款"总账科目余额扣除"长期借款"科目所属的明细科目中将在资产负债表日起 1 年内到期且企业不能自主地将清偿义务展期的长期借款后的金额填列。

（2）"长期应收款"项目，应当根据"长期应收款"总账科目余额，减去"未实现融资收益"总账科目余额和有关的坏账准备贷方余额，再减去所属相关明细科目中将于 1 年内到期的部分填列。

（3）"长期应付款"项目，应当根据"长期应付款"总账科目余额，减去"未确认融资费用"总账科目余额，加上"专项应付款"科目期末余额，再减去所属相关明细科目中将于 1 年内到期的部分填列。

4. 根据有关科目余额减去其备抵科目余额后的净额填列

资产负债表中的"持有待售资产""长期股权投资"等项目，应根据"持有待售资产""长期股权投资"等科目的期末余额减去已计提的减值准备的余额后的净额填列；"固定资产"项目，应根据"固定资产"科目期末余额减去"累计折旧""固定资产减值准备"科目的期末余额后的金额，以及"固定资产清理"科目期末余额填列；"无形资产"项目，应根据"无形资产"科目期末余额减去"累计摊销""无形资产减值准备"科目余额后的净额填列。

5. 综合运用上述填列方法分析填列

"存货"项目应综合运用上述方法分析填列。

二、阅读资产负债表项目

（一）阅读资产类项目

1. 货币资金

货币资金反映企业库存现金、银行存款和其他货币资金的合计数。这些货币资金构成企业的"血液"，也是现金流量表中所谓的"现金"的主体。一般而言，一个企业的货币资金越多，说明企业的支付能力和财务弹性越强，但说明货币资金的盈利能力弱，因此，货币资金并不是多多益善，货币资金积压过多,反而意味着企业资金运作效率和水平较低。

实务中,人们常常把那些因为不善于理财和找不到很好的投资机会而拿着很多钱不知道该怎么花的企业称为"现金牛",其原因就在于该类企业货币资金的盈利能力差。货币资金本身意味着机会成本。企业应当根据自身需求,确定一个最佳货币资金持有量,以合理调度货币资金余缺,避免货币资金过多或者过少给企业造成的不良后果。

评价企业货币资金持有量是否合理应结合的因素如下:

(1) 企业的资产规模与业务量。通常情况下,企业资产规模越大,货币资金的持有量越大。企业业务量越多,则处于货币资金形态的资产也就越多。

(2) 企业筹资能力。如果企业信誉好,筹资渠道多,就不用大量持有货币资金。

(3) 企业有效运用货币资金的能力。如果企业较多的资金仅停留在货币状态,意味着企业资金只能用于支付,表明企业管理人员生财无道。若企业经营者运用货币资金的能力强,则可维持较低的货币水平,将资金用于投资活动,这样就盘活了资金,提高了企业的盈利水平。

(4) 企业所处行业的特点。企业隶属于不同的行业,货币资金的规模存在着差异,有的甚至差异很大。

2. 应收票据

应收票据是指企业因销售商品、产品和提供劳务等收到的商业汇票,包括银行承兑汇票和商业承兑汇票两种形式。商业汇票是一种载有一定付款日期、付款地点、付款金额和付款人的无条件支付的流通证券,也是一种可以由持票人自由转让给他人的债权凭证。应收票据与一般的应收款项相比,流动性和安全性更强,更容易在市场上流通转让,供货方比较容易接受。

在过去,应收票据一般不考虑坏账风险而是按照其原值反映,但其毕竟也是一种商业信用,依然存在着风险。因此,根据新企业会计准则的规定,应收票据也要根据实际情况计提坏账准备,并按照扣除坏账准备后的净额列示。

分析应收票据的质量时应从分析票据的业务基础及会计报表附注中披露的信息两方面进行。

(1) 应收票据的业务基础。商业汇票要求以商品交易为前提。在具有良好的业务合作的企业之间,特别是关联方之间,会出现相互开具商业汇票的行为。债权企业将商业承兑汇票向银行贴现,然后将从银行取得的贴现款划给原票据债务企业,从而达到从银行间接融资的目的。此时,开具商业承兑汇票的目的是向银行融资,这种票据反映的情况就不具有真实的经济交易,从而加大了企业的财务风险。

(2) 会计报表附注中披露的信息。分析应收票据时还要结合会计报表附注中披露的信息,了解企业是否存在已经贴现的商业承兑票据,是否会影响企业未来偿债情况。

3. 应收账款

应收账款是指企业因销售商品、产品和提供劳务等而应向购买单位收取的各种款项,如应收的价款、增值税税款以及代垫的运杂费等。在正常情况下,这种账款在 1 年内应该能够收回,所以一般归属于流动资产。但在现实经济生活当中,企业可能因为信用危机导致应收账款长期被占压而迟迟收不回来。企业应收账款管理的目标就是要在应收账款信用政策所增加的盈利和这种政策的成本之间作出权衡,以使企业的利润最大化或企业价值最大化。

为了体现应收账款的真实价值,应收账款应当估计其坏账损失,按照商业信用金额扣除所计提的坏账准备的净额列示。应收账款分析应与销售额分析、现金流分析联系起来。应收账款的起点是销售,终点是现金。正常的情况是销售增加引起应收账款增加,现金的存量和经营现金流量也会随之增加。如果一个企业应收账款日益增加,而销售和现金日益减少,则企业的营销政策就可能已出现问题,甚至变得比较可疑,有虚构收入操纵利润之嫌疑。

实务中应收账款分析主要是通过比较分析、结构分析和比率分析来进行的。

(1) 比较分析就是将应收账款的变化与销售收入的变化加以比较。一般来说,应收账款与销售收入规模存在一定的正相关,当企业放宽信用限制时,往往会刺激销售,但同时也增加了应收账款;而企业紧缩信用限制时,在减少应收账款时又会影响销售。因此,如果应收账款的增长率明显大于销售收入的增长率,则说明应收账款过多。

(2) 结构分析就是将企业的应收账款占总资产的比例(即结构)与同行业其他企业的情况加以比较。一般来说,每一个行业都有其独特的资产结构。如果企业的应收账款占总资产的比例明显超过同行业的一般水平,则往往说明应收账款过多。

(3) 比率分析就是将企业的应收账款周转率与同行业其他企业的情况加以比较。应收账款周转率是用一段时间内的(信用)销售额,除以同期内流通在外的应收账款平均余额。其计算公式为:

$$应收账款周转率＝销售收入÷应收账款平均余额$$

如果企业的应收账款周转率明显低于同行业的一般水平,则往往说明应收账款过多,周转过慢。

此外,在对应收账款的分析中,除了采用比较分析、结构分析和比率分析来判断应收账款是否过多之外,还应进行账龄分析和对象分析来进一步判断应收账款的风险。

应收账款的账龄是指资产负债表中的应收账款从销售实现、产生应收账款之日起,至资产负债表日止所经历的时间,简而言之,就是应收账款停留在企业账簿上的时间。在分析应收账款时,一定要仔细分析会计报表附注,了解应收账款的账龄情况。一般来说,1 年以内的应收账款在企业正常信用期限范围内;1～2年的应收账款虽属逾期,但也属正常;2～3年的应收账款风险较大;而3年以上的应收账款通常回收的可能性极小。

4. 存货

存货是指企业在生产经营过程中为销售或耗用而储存的各种有形资产,包括各种原材料、包装物、低值易耗品、委托加工材料、产成品、库存商品以及委托代销商品等。存货作为一项重要的流动资产,它区别于固定资产等非流动资产的最基本的特征在于,企业持有存货的最终目的是为了出售。

在资产负债表上,存货按照成本与可变现净值孰低计价。成本指的是取得存货的历史成本。库存商品的可变现净值为预计售价减去预计销售费用及预计销售税金;材料的可变现净值取决于材料用于生产还是直接出售。用于生产的材料可变现净值＝终端完工产品预计售价－终端产品的预计销售税费－预计追加成本。用于销售的材料的可变现净值＝材料预计售价－材料预计销售税费。存货的这种计价方式主要是为了避免存货价值虚增,体现了稳健性原则。

存货金额的大小应当采用辩证的观点来看。通常而言,在"适时制"及"零存货"等新的管理理念下,存货意味着较大的成本负担,容易给人造成"积压滞销"之感,但也不排除企业在特殊情况下,为了"囤积居奇"或战略性目的而把持着大量存货。企业存货管理的目标就是要尽力在各种存货持有成本与短缺成本之间作出权衡,以使企业的利润最大化或企业价值最大化。

实务中对存货的具体分析主要包括比较分析、结构分析和比率分析。

(1) 比较分析就是将存货的变化与营业收入的变化加以比较。一般来说,存货与营业收入规模存在一定的正相关。正常情况下,企业的营业收入规模越大,存货的规模越大;企业的营业收入规模越小,存货规模越小。因此,如果存货的增长率明显大于营业收入的增长率,则说明存货过多。

(2) 结构分析就是将企业的存货占总资产的比例(即结构)与同行业其他企业的情况加以比较。一般来说,每一个行业都有其独特的存货结构。如果企业的存货占总资产的比例明显超过同行业的一般水平,则往往说明存货过多。

(3) 比率分析就是将企业的存货周转率与同行业其他企业的情况加以比较。存货周转率是用一段时间内的营业成本,除以同期内的存货平均余额。其计算公式为:

$$存货周转率＝营业成本÷存货平均余额$$

如果企业的存货周转率明显低于同行业的一般水平,则往往说明存货过多,周转过慢。

5. 长期股权投资

长期股权投资是指投资企业对被投资企业实施控制、产生重大影响的权益性投资以及对其合营企业的投资。

長期股权投资对企业的作用有以下两个方面。

（1）通过对外长期投资实施企业的发展战略。企业通过对竞争对手实施兼并，可以扩大市场占有率；通过对其他企业的控制，可以获得稳定的材料货源并开拓产品销售渠道；通过长期投资来实施发展战略，快速扩大企业的规模。

（2）通过对外长期投资实现多元化经营。多元化经营可以帮助企业降低经营风险，稳定盈利能力；但同时对企业的经营管理能力也提出了很高的要求，因为多元化经营可能使企业陷入极大的风险中。

6. 固定资产

固定资产是指企业为生产商品、提供劳务、出租或经营管理而持有的，使用寿命超过一个会计年度的有形资产。固定资产是企业经营规模大小的标志，是企业最重要的生产力要素之一，是企业经济效益和竞争力的源泉。

高质量的固定资产，应当表现为：①技术装备水平较高，其生产能力与存货的市场份额所需要的生产能力相匹配，能够将符合市场质量需要的产品推向市场并获得利润；②周转速度适当，资产的闲置率不高；③结构合理，符合行业特征。判断技术装备水平高低的财务指标主要是固定资产综合成新率。其计算公式为：

固定资产的综合成新率＝（固定资产原值－累计折旧）÷固定资产原值

一般情况下，设备、厂房越新，技术装备水平越高；设备、厂房越旧，技术装备水平越低。因此，如果企业的综合成新率明显低于同行业的平均水平，则往往说明企业的技术装备水平相对较低。

判断周转速度快慢的财务指标主要是固定资产周转率。其计算公式为：

固定资产周转率＝营业收入÷固定资产平均余额

如果企业的固定资产周转率明显低于同行业的平均水平，则说明固定资产的周转速度较慢，资产的闲置率较高。

判断固定资产结构是否合理的财务指标主要是固定资产占总资产的比重。其计算公式为：

固定资产占总资产的比重＝固定资产÷总资产

一般来说，每一个行业的企业都有其独特的固定资产结构。例如，金融类企业的盈利模式为吸存放贷，主要的盈利性资产是贷款、债券投资，固定资产是其非生息性资产，所以，对于银行来说，固定资产所占比重应当尽量低；对于制造业企业来说，固定资产通常为厂房、机器设备、运输工具等，固定资产是企业的生产设施，但同时企业资产的相当部分也会以存货和应收款项的形式存在，因此固定资产所占总资产比重适中；对于电力企业来说，由于其主要盈利资产是电厂机组，固定资产占总资产的比重会非常高。因此，判断固定资产结构是否合理，需要将企业的固定资产占总资产的比重与同行业的一般水平加以比较。如果企业的固定资产占总资产的比重明显超过同行业的一般水平,则往往说明固定资产过多,企业大量的资金砸在了厂房、设备里。

在资产负债表上,固定资产按照固定资产原价减去累计折旧和固定资产减值准备后的净额,加上固定资产清理期末余额列示。累计折旧计提方法有多种,企业通常基于税收方面的考虑而选用不同的折旧方法,由此导致的固定资产账面价值的变化,财务报告使用者需要结合附注信息予以分析,在必要时可以还原固定资产的原始价值,以便考核企业的经营实力,正确评估固定资产的整体运行情况,对其使用效率和综合竞争力水平予以全面而公允的评价。

在分析时还要重视企业固定资产的构成,在各类固定资产中,生产用固定资产,特别是生产设备,在企业全部固定资产中应占有较大比重,而非生产用固定资产、未使用固定资产和不需用固定资产占全部固定资产的比重应该较低。因此,分析固定资产的利用率或闲置率可以评价企业固定资产的使用效率。此外,考察固定资产更新情况,可以判断企业固定资产的更新改造情况。通常,更新改造程度越高,意味着企业固定资产的质量和性能越好,企业的发展潜力越强。

产业特征决定固定资产结构差异。不同产业的企业,其固定资产占总资产的比重是不同的,下面以招商银行、四川长虹、用友软件、粤电力某年年末的报表数据为例来说明,具体见表2.1。

表2.1

各企业年末报表数据

名称	固定资产(元)	资产总计(元)	占比
招商银行	485 647.3	26 631 715.51	1.82%
四川长虹	229 728.4	1 742 633.41	13.18%
用友软件	6 408.7	116 786.51	5.49%
粤电力	726 008.3	1 219 308.01	59.54%

点评

招商银行属于金融类企业,其盈利模式为吸存放贷,主要的盈利性资产是贷款、债券投资,固定资产是其非生息性资产,所以,对于银行,固定资产所占比重应当尽量低;四川长虹属于电器制造业企业,制造业企业的固定资产通常为厂房、机器设备、运输工具等,固定资产是企业的生产设施,但同时企业资产的相当部分也会以存货和应收账款的形式存在,因此固定资产所占总资产比重适中;用友软件属于高科技企业,主要生产财务软件,从根本上来说,软件业企业的核心盈利能力来自其智力资源,固定资产是从属于智力资源的,所以,这类企业的固定资产占总资产的比重较低;粤电力的主要盈利资产是电厂机组,固定资产占总资产的比重非常高。

7. 无形资产

无形资产是指企业拥有或者控制的、没有实物形态的、可辨认的非货币性资产,包括商标权、著作权(版权)、专利权、非专利技术、土地使用权、特许权等。与固定资产类似,无形资产是能够给企业带来较长期的经济利益的资产。随着科技进步和知识创新步伐的加快,无形资产所占比重对于部分企业而言会越来越大,并构成企业价值和核心竞争力的主要来源。在资产负债表上,"无形资产"项目按照无形资产的取得成本减去相关累计摊销与无形资产减值准备后的金额列示。由此可以看出,无形资产在财务报表上反映的是企业在这方面的投入金额,并不能反映其无形资产真正的价值,而在现实经济生活当中,其成本和价值可能相差甚远。至于开发支出项目,可以用来表示正处于开发过程,而且估计能够开发成功并具有一定价值,因此是能够资本化的无形资产的投入成本。

8. 在建工程

在建工程是企业进行的与固定资产有关的各项工程,包括固定资产新建工程、改扩建工程、大修理工程等资产负债表中的工程项目。它反映企业期末各项未完工程的实际支出和尚未使用的工程物资的实际成本,反映企业固定资产的新建、改扩建、大修理规模等情况。为反映固定资产投资的效率,应根据资产负债表及附表所提供的有关明细资料进行在建工程分析和支出结构分析。

为了使在建工程早完工、早投产,必须分析各支出项目工程的完工程度,为此,可计算完工率指标。其计算公式为:

工程完工率＝本年已完工程实际支出÷本年在建工程支出数×100％

该指标表示本年完工工程与本年投资支出价值的比率。比值越大,表示完工程度越高。完工率指标的大小受期初期末工程余额大小的影响。在年初结转未完工程支出数既定的情况下,若尽量减少年末未完工程支出数余额,可以提高工程完工率。计算和分析完工率指标的完成情况,可以查明影响工程进度的原因,合理安排支出,缩短期限,以尽快地形成生产能力。

9. 总资产

总资产代表着企业的经营规模,资产越多,说明企业可以用于赚取收益的资源越多,可以用于偿还债务的资产保障就越多;但不是说企业的资产越多就越好,资产不代表企业的收益能力,有些企业资产规模很大却经营亏损,有些企业资产规模不大却照样盈利。

企业资产是否能够带来经济利益,是资产质量、结构、规模和发展战略等因素共同作用的结果。因此,对企业总资产的分析应从其规模、结构及资产质量等因素入手,结合企业的发展战略,综合分析。

(二) 阅读负债类项目

1. 短期借款

短期借款是指企业向银行或其他金融机构等借入的期限在 1 年以下(含 1

名师精品·

Gaozhigaozhuan Kuaiji Xilie

高职高专会计系列

年)的各种借款。短期借款相对而言资金成本较低,但其作为流动负债,通常带有强制性的偿还负担,如果资金安排不当,容易造成企业短期的偿债压力。企业在举债时,应测算短期借款到期时现金流量状况,确保企业有足够的现金偿还本息。

此外,在对短期借款进行分析时,还要注意使短期借款的数量与流动资产的相关项目相适应,关注借款偿还时间,预测企业未来现金流量,评价企业的短期借款偿还能力。

短期借款筹资的优点在于可以随企业的需要安排,便于灵活使用,取得程序较为简便。银行为了防范风险,对发放中长期贷款一般比较谨慎,利率也较高,这种情况下,短期借款就成为很多企业最为重要的财务资源通道。但短期借款最突出的缺点是短期内要归还,于是需要保证资产的流动性,以降低企业的财务风险。

需要防止出现的是短期借款用于长期用途,即"短贷长投"。这是一种非常危险的现象。在这种情况下,企业必须要能持续创造良好的经营活动现金流;否则,如果企业资产的盈利能力不强,经营活动现金流量匮乏,就会使企业资金的周转发生困难,造成流动比率下降,偿债能力恶化,陷入难以自拔的财务困境。

2. 应付票据

应付票据是指企业因购买材料、商品或接受劳务供应等开出的商业票据,包括商业承兑汇票和银行承兑汇票。相对于应付账款而言,应付票据可变现能力更强,更容易为客户所接受。应付票据的付款时间有约束力,如果到期不能支付,则会影响企业的信誉和以后资金的筹集,而且还会受到银行的处罚。

3. 应付账款

应付账款是指企业因购买材料、商品或接受劳务供应等而应付给供应商的款项。应付账款是一种商业信用行为,要求以企业的商业信用作保证。

在分析应付账款时应与存货联系起来。在供货商赊销政策一定的条件下,企业应付账款的规模会和企业采购规模有一定的关系;如果企业产销平衡,应付账款的规模还应该与营业收入有对应关系。通常应注意企业应付账款平均付款期是不是比较稳定,如果企业购销状况没有很大变化,同时供应商没有改变信用政策,而企业的应付账款不正常地增加,平均付款期不正常地延长,就表明企业支付能力恶化。

4. 预收款项

预收款项是指企业因销售商品、提供劳务而预先向客户收取的款项。作为一笔流动负债,它意味着后续的商品或服务支出。企业大量而稳定的预收账款的存在往往意味着后续期内较为稳定的收入来源,这对于以后期间的利润具有一定的保障作用,同时也可能展示出该企业商品或劳务供应的紧俏性和优越感,对市场而言不免是一项利好消息。

5. 应付职工薪酬

应付职工薪酬是指企业为获得职工提供的服务或解除劳动关系而给予的

各种形式的报酬或补偿。作为新企业会计准则改革的一项重要内容,会计上树立了完整的人工成本概念,使职工薪酬的内容变得十分丰富。职工薪酬包括短期薪酬、离职后福利、辞退福利与其他长期职工福利。

应付职工薪酬的额度和期限如果在正常的范围内,就不会体现企业的资金和信誉情况。如果企业出现明显拖欠职工薪酬的情况,就表明企业信誉不良或是资金周转出现了困难。

从应付职工薪酬的定义上看,该项目体现的是企业使用各种人力资源所付出的全部代价以及产品成本在人工成本中所占的比重。依据资产负债表该项目列示的余额和会计报表附注提供的本期数据,可以分析评估企业人力资源的劳动效率,还可以通过该项目不同年度的发生额,对企业生产经营趋势作出评价,甚至可以洞察企业的某些异常变动。

6. 应交税费

应交税费用来核算企业按照税法规定计算应缴纳的各种税费,这些税费在尚未缴纳之前暂时停留在企业形成一项负债,具体包括增值税、消费税、所得税、资源税、土地增值税、城市维护建设税、房产税、城镇土地使用税、车船税、教育费附加等。企业不需要预计应交数,直接计算缴纳的税金,如印花税、契税、耕地占用税等,不在"应交税费"科目核算。

税金与企业的经营息息相关,在一个企业没有减免税优惠的情况下,如果一个企业的收入非常高,但其缴纳的税费却非常低,就要关注该企业是否有偷税行为。而一个企业本期收入与上期相比没有大幅度增长,但税金却明显增加时,就要了解该企业是否因为上期违反税法规定而补交税款,或者行业税率有什么调整,这种变化是否对企业本期和以后的生产经营产生影响。

7. 长期借款

长期借款作为我国传统的企业长期资金融通方式,相对于发行股票和债券而言,具有融资成本低、筹资速度快、借款弹性大等优点。企业可以在有利的经营环境下,充分发挥其财务杠杆效应,为股东和企业谋取更大价值。但同时,长期借款也给企业带来风险,而且通常借款的限制条件较多,筹资数量有限。如果企业长期借款的比重较大,财务报告使用者应当结合公司的资本结构安排和发展规划及前景综合加以考虑,即它可能代表企业与金融机构的信任与融洽关系,并揭示企业经营的胆识和魄力,另外,也可能意味着企业"靠借钱过日子",并可能由此引发企业较大的财务危机。

分析长期借款时,应注意长期借款是否与企业的固定资产、无形资产的规模相适应,是否与企业的当期收益相适应。此外,还应关注长期借款费用处理的合规性与合理性。引起长期借款变动的情况有以下几个方面。

(1)银行信贷政策以及资金市场供求状况的改变。例如,金融业调整了利息率,降低到企业可以接受的水平,一直用短期借款"拆东墙补西墙"的企业可能考虑改变这种状态,转成长期借款。

(2)满足企业对资金的长期需要。例如,当有新的盈利水平较好的项目,如果企业没有更好的资金来源时,通过担保、抵押方式借入长期借款是很多企业的选择。

（3）保持权益资金的稳定性。当企业收益率远远高于资本市场收益率时,企业股东喜欢借鸡生蛋,因为债权人要的仅仅是固定利息,高出利息的收益将全部归股东所有。借款越多,赚钱越多,股东分得的高出资本金利息部分的收益就越多。

（4）调整负债结构和财务风险。如果老板觉得企业欠款实在太多,企业财务风险已经高到他不能接受的程度,可能会考虑归还部分长期借款,从而导致长期借款余额发生变化。

（三）阅读所有者权益类项目

1. 股本

上市公司发行的全部股份按面值计算,在会计上称为股本。对于一般企业而言,叫作实收资本,即反映投资者实际投入的资本金数额。注册资本是国家授予企业法人经营管理的财产或者企业法人自有财产数额的表现,它能反映公司法人财产权的大小,并用于作为公司经营的保障和社会信用方面的保障。引起股本变化的原因有以下几个方面。

（1）公司增发新股或配股。这是投资者追加投资引起的变化,如果减少资本则相反。

（2）资本公积或盈余公积转增股本。股本增加,所有者权益总额不变。

（3）以送股方式进行利润分配。股本增加,未分配利润减少,所有者权益总额不变。

2. 资本公积

资本公积在会计核算中被分为两大类:①资本(股本)溢价;②其他资本公积。投资者直接投入企业的资金包括两部分:①前述的股本或实收资本;②企业收到投资者出资超过其在注册资本或股本中所占份额的部分,即所谓的资本溢价或股本溢价,该部分在会计上通过资本公积科目核算。

资本公积除了包括资本溢价之外,还包括其他资本公积,具体如下:①接受其他股东资本性投入;②发行可分离交易的可转债中包含的权益成分;③以权益结算的股份支付等。

3. 其他综合收益

其他综合收益包括:①可供出售金融资产价值的暂时波动;②权益法下被投资方其他综合收益变动时投资方"长期股权投资"价值调整;③持有至到期投资重分类为可供出售金融资产时的价值波动;④自用房地产、存货转为公允价值模式计量下的投资性房地产时的增值额;⑤重新计量设定受益计划,净负债或净资产所产生的波动。

4. 盈余公积和未分配利润

盈余公积和未分配利润合称为留存收益,它们都表示企业经营活动中的积累,两者并没有本质区别。有人把盈余公积定义为"具有特定用途的留存收益",这里所谓的"特定用途"其实是一个误解。盈余公积作为一项资金来源,并没有什么特定用途。如果说它有特定用途,就是指盈余公积对于利润分配的限定。换言之,只要不被当作红利分给股东,至于这部分资金用于内部经营活动的什么方面,并没有什么限制和特殊的规定。除了法定盈余公积之外,公司还可以根据股东大会或类似权力机构的批准,按规定提取一定比例的任意盈余公积,以进一步扩大资本积累。

未分配利润是利润具体分配后的剩余。确切地说,就是公司期初的累积未分配利润,加上本期实现的净利润,减去提取的盈余公积、向投资者分配的利润等之后的余额。未分配利润是企业可自由支配的资金来源,可以留待以后年度进行分配,对于稳定或调整企业的利润分配政策有一定的意义。

未分配利润来源于历年的积累,每期都在发生变化,主要变动原因有以下两点。

(1)企业生产经营活动的业绩,包括本年经营活动和以前年度经营活动形成的经营业绩的积累。

(2)企业利润分配政策的执行。企业确认本期分配利润,未分配利润会减少,所有者权益也随之减少,如果企业暂时不分配利润,未分配利润就积累下来了。

第二节　资产负债表质量认知

如果企业的生产经营活动处于持续健康发展状态,则其资产负债表上的主要财务数据或财务指标就应该呈现出持续稳定发展的趋势。如果企业的主要财务数据或财务指标异常波动或出现恶化趋势,则意味着企业的生产经营活动的某些方面发生了重大变化。

通过比较企业连续数期的资产负债表数据,综合研究资产负债表中各项目之间的结构关系和变动情况,来判断企业财务状况及其发展前景,这种分析实质上是对资产负债表质量的综合分析,包括横向比较分析和纵向比较分析。

财务报告质量分析常用的方法有比较分析法、比率分析法、趋势分析法和因素分析法。下面主要介绍比较分析法。

一、比较分析法

比较分析法是通过经济指标在数量上的比较,来揭示经济指标的数量关系和数量差异的一种方法。比较分析法又分为横向比较分析法和纵向比较分析法两种。

(一)横向比较分析法

横向比较分析法又叫水平分析法,是将实际达到的结果同某一标准,包括某一期或数期财务报表中的相同项目的实际数据进行比较的分析方法，可以用绝对数比较，也可以用相对数比较。例如，2015 年 12 月 31 日，某公司资产总额是 2 000 万元；2016 年 12 月 31 日，其资产总额是 2 800 万元，则总资产比上年增加了 800 万元，增长率是 40%。绝对数比较仅通过差异数说明差异金额，但没有表明变动程度，而相对数比较则进一步说明变动程度，所以在实际工作中，可以将绝对数比较与相对数比较相结合，对分析资料得出充分的判断和准确的评价。

（二）纵向比较分析法

纵向比较分析法又叫垂直分析法，是以财务报表中某一关键项目为基数项目，以其金额为 100%，将其余项目的金额分别计算出各占关键项目金额的百分比的分析方法。其计算公式为：

$$结构比率＝某一组成部分的数额÷整体的数额$$

利用结构比率进行纵向比较分析，可以考察总体中某一部分形成和安排是否合理，以便协调企业的财务活动。财务报告分析中常用的构成比率有以下几种。

（1）资产各项目占资产总额的比重。

（2）负债各项目占负债总额的比重。

（3）负债、所有者权益各项目占资产总额的比重。

（4）各类固定资产占固定资产总额的比重。

（5）各成本项目占总成本的比重。

（6）各类存货占存货总额的比重。

（7）各项成本、费用、利润占营业收入的比重。

（8）各项现金流入（出）占现金总流入（出）的比重。

二、编制并分析横向资产负债表

（一）编制横向资产负债表

横向资产负债表如表 2.2 所示。

表 2.2

横向资产负债表

项目	上年年末余额	期末余额	增减额	增减百分比

（二）分析横向资产负债表

分析横向资产负债表时可以参照以下步骤。

1. 从投资或资产角度进行分析评价

（1）分析总资产规模及各类、各项资产的变动状况，揭示资产变动的主要方面，从总体上了解企业经过一定时期经营后资产的变动情况。

名师精品·

Gaozhigaozhuan Kuaiji Xilie
高职高专会计系列

（2）发现变动幅度较大或对总资产变动影响较大的重点项目。

（3）注意资产变动的合理性与效益性。

（4）注意考察资产规模变动与所有者权益变动的适应程度。

（5）注意分析会计政策变动的影响。

2. 从筹资或权益角度进行分析评价

（1）分析权益总额的变动状况以及各类、各项筹资的变动状况，揭示出权益总额变动的主要方面，从总体上了解企业经过一定时期经营后权益总额的变动情况。

（2）发现变动幅度较大或对权益总额变动影响较大的重点类别和重点项目，为进一步分析指明方向。

（3）注意结合会计报表附注，分析表外数据对权益的影响。

三、编制并分析纵向资产负债表

（一）编制纵向资产负债表

纵向资产负债表如表 2.3 所示。

表 2.3

纵向资产负债表

项目	期末余额	上年年末余额	期末结构	上年年末结构	差异

（二）分析纵向资产负债表

分析纵向资产负债表可以参照以下步骤进行。

1. 资产结构分析评价

1）从静态角度观察企业资产的配置情况，特别关注流动资产和非流动资产的比重以及其中重要项目的比重，分析时可以通过与行业平均水平或可比企业的资产结构进行对比，对资产的流动性和资产风险进行判断，进而对企业资产结构的合理性作出评价。

2）从动态角度分析资产结构的变动情况，对企业资产结构的稳定性作出评价，进而对企业资产结构的调整情况作出评价。

资产结构是指企业在某一时点上资产的各组成项目的排列和搭配关系。决定资产结构的因素主要有以下四个。

（1）行业特点。企业所处的行业通常对企业资产结构有着极其重要的影响。比如，生产企业的固定资产比重一般要大于流通企业，而机械行业企业的存货比重一般要高于食品行业企业，航空运输企业的固定资产比重一般较大。

（2）经营性质。企业的经营性质不同对资产结构也有较大的影响。比如，流通企业、批发企业比零售企业需要更多的固定资产，生产企业、机械化程度高的企业相对于机械化程度低的企业，其固定资产比重较高；一般地，母公

名师精品 ·

高职高专会计系列

Gaozhigaozhuan Kuaiji Xilie

司企业相对于子公司企业,长期投资的比重较高。此外,营运周期长短也影响着资产结构,营运周期越长,占用在原材料、在产品、产成品、应收账款上的资金越多;反之,则越少。

（3）产品生命周期。企业的产品会依次经历成长、成熟、衰退和死亡几个阶段。与产品所处的生命周期相适应,企业的资产结构也随之各阶段的交替,适应性地变化。比如,产品处于成长期的企业会大量添置设备、厂房等固定资产,为更多地占有市场而采用宽松的信用政策,应收账款占用资金较多,货币资金相对较少。产品进入衰退期的企业会收缩战线,大规模地回笼货币资金,这时企业的货币资金增多,存货等资产比重会大为减少。因此,应结合产品生命周期评价资产结构。

（4）宏观经济环境。首先,宏观经济环境决定着企业对外投资机会的大小、投资收益的高低和投资风险的大小,从而直接影响到企业的长期投资数额;其次,物价波动的大小往往会直接影响到企业货币资金的数量、存货水平和固定资产规模;最后,处于朝阳产业中的企业,前景广阔,非流动资产规模与日俱增。相反,处于夕阳产业中的企业,经营日益萎缩,货币资金充裕,比重上升。此外,国家的法律、法规和政策也会影响到企业的资产结构。

2. 资本结构分析评价

（1）从静态角度观察资本结构的构成,衡量企业的财务实力,评价企业的财务风险,同时结合企业的获利能力和经营风险,评价资本结构的合理性。

（2）从动态角度分析企业资本结构的变动情况,对资本结构的调整情况以及对股东收益可能产生的影响作出评价。

（三）资产负债表对称结构分析

企业的资产结构受制于行业的性质,不同的资产性质,其资金融通方式上也有所不同。因此,即使总资产或总资本相同的企业,由于不同的投资方式与不同筹资方式所产生的资本结构也不完全相同。

资产负债表的结构可以说是千差万别,但归纳起来可以分为保守结构、稳健结构、平衡结构和风险结构四种类型。

1. 保守结构

在保守结构的形式中,无论资产负债表左方的资产结构如何,资产负债表右方的资金全部来源于长期资金,非流动负债与所有者权益的比例高低不影响这种结构形式。

保守结构的主要标志是企业全部资产的资金依靠长期资金来源满足,其结果有以下几种。

（1）企业风险极低。因为筹资风险是建立在经营风险的基础之上的,只要企业资产经营不存在风险,其偿债风险就会消除。由于这一形式中的偿债风险极低,因此,即使提高长期资产的比例,资产风险加大,两方综合起来,也会形成一方较大的风险被另一方较小的风险中和,而使企业风险降低。

（2）导致较高的资金成本。相对于其他结构形式,这一形式的资金成本最高,但前提是短期债务成本低于长期债务成本。

(3) 筹资结构弹性弱。一旦企业进入用资淡季,对资金存量不易作出调整,尽管企业可以通过将闲置资金投资于短期证券市场来调节,但必须以存在完善的证券市场为前提,而且这种投资的收益也不一定能够消除这种高成本带来的差异。

在实务中保守结构的形式很少被企业所普遍采用。

2. 稳健结构

在稳健结构形式中,长期资产的资金需要依靠长期资金来解决,短期资产的资金需要则使用长期资金和短期资金共同解决,长期资金和短期资金的比例不影响这一形式。

稳健结构的主要标志是企业流动资产的一部分资金需要使用流动负债来满足,另一部分资金需要则由非流动负债来满足,其结果有以下几种。

(1) 足以使企业保持相当优异的财务信誉,通过流动资产的变现来满足偿还短期债务的需要,企业风险较小。

(2) 企业可以通过调整流动负债与非流动负债的比例,使负债成本达到企业目标标准,相对于保守结构形式而言,这一形式的负债成本相对较低,并具有可调节性。

(3) 无论是资产结构还是资本结构,都具有一定的弹性,特别是当临时性资产需要降低或消失时,可通过偿还短期债务或进行短期证券投资来调整,一旦临时性资产需要再产生,又可以通过重新举债或出售短期证券来满足其所需。这是一种能够被所有企业普遍采用的资产与权益对称结构。

3. 平衡结构

在平衡结构的形式中,以流动负债来满足流动资产的资金需要,以非流动负债和所有者权益来满足长期资产的资金需求,长期负债和所有者权益之间的比例关系不是判断这一结构形式的标志。平衡结构的主要标志是企业流动资产的资金需要全部依靠流动负债来满足,其结果有以下几种。

(1) 同样高的资产风险与筹资风险中和后,企业风险较均衡。

(2) 负债政策要依靠资产结构变化进行调整。

(3) 存在潜在的风险。这一形式以资金变现时间和数量与偿债时间和数量相一致为前提,一旦两者出现时间上的差异和数量上的差异,如营业收入未能按期取得现金,应收账款没能足额收回,短期证券以低于购入成本出售等,就会使企业产生资金周转困难,并有可能陷入财务危机。这一结构形式只适用于经营状况良好,具有较好成长性的企业。

4. 风险结构

在风险结构形式中,流动负债不仅用于满足流动资产的资金需要,而且还用于满足部分长期资产的资金需要,这一结构形式不因为流动负债在多大程度上满足长期资产的资金需求而改变。

风险结构的主要标志是以短期资金来满足部分长期资金的需要,其结果有以下几种。

（1）财务风险较大，较高的资产风险和较高的筹资风险不能匹配。流动负债和长期资产在流动性上并不对称，如果通过长期资产的变现来偿还短期内到期的债务，必然给企业带来沉重的偿债压力，从而要求企业极大地提高资产的流动性。

（2）相对于其他结构而言，其负债成本最低。

（3）存在破产的潜在威胁。由于企业时刻面临偿债压力，一旦市场发生变动，或意外事件发生，就可能引发企业资产经营的风险，使得企业因资金周转不灵而陷入财务困境，造成企业因不能偿还到期债务而破产。

这一结构只适用于处在发展壮大时期的企业，而且只能在短期内采用。

第三章

利润表的认知

项目描述

　　利润表是反映企业在一定会计期间经营成果的报表。利润表把一定会计期间的收入与同一会计期间相关的费用进行配比,以计算出企业一定时期的净利润(或净亏损)。按照《企业会计准则》的规定,企业的利润主要由营业利润、利润总额和净利润三个层次构成,将每一层次的利润都分解成相应的收入和费用项目的比较,反映了从核心业务到非核心业务的扩展,这种利润层次体系有助于报表使用者形象地理解不同范围的经营成果的形成原因。

Project Description

第一节　利润表项目认知

利润表实际上是反映企业经营情况的一段"录像"。这段"录像"有起点和终点,而利润表所要描述的就是从起点到终点的这个过程,因而被喻为"一段精彩的表演"。在这个过程中要记录的并不是所有内容,要记录的是这一期间发生了多少收入和多少费用,这段时间是盈利还是亏损。

利润表反映了因为盈利活动而引起的资产负债表中的权益变化,并最终通过所有者权益表现出来。但现实经济生活中,人们对于利润表的重视显然超过了资产负债。利润表是企业经济效益的综合体现,它所提供的信息是动态信息。利润表的作用可以表现在以下几个方面。

(1) 可以了解企业实现收入的规模和成本耗费水平。企业在生产经营活动中,不断地发生各种费用,同时取得各种收入。利润表通过收入和成本费用情况的反映,可以提供企业在一定期间内的收益情况、成本费用情况以及资金的投入和产出的比例关系,可以使报表使用者了解企业的经营业绩和财务成果,分析企业盈亏形成的原因。

(2) 可以用来分析预测企业的偿债能力。企业偿债所需的资金不仅取决于现有资产的流动性,而且也受企业所获利润多少的影响。如果企业获利能力不强,盈利性现金流入不足,企业资产的流动性和权益结构也会恶化,从而使企业偿债能力下降。对于报表使用者而言,分析企业不同时期以及不同企业的利润信息,可以预测评价企业的偿债能力,据此作出是否维持、增加或收缩对企业信贷的决策。

(3) 可以为经营者进行经营决策提供依据。通过对利润表中各项组成要素的比较分析,并与以前各期比较,可以反映出企业各项收入、费用和利润的升降趋势及其变化幅度,发现企业经营管理中存在的问题。同时,还可以分析企业利润的构成,对利润进行结构分析,为企业经营决策提供依据。

(4) 能揭示利润的变化趋势,预测企业未来的获利能力。现行企业会计制度及中期财务报告准则要求编制的利润表必须是涉及两个年度的比较报表,因此通过利润表提供不同时期的比较数字,可以反映企业获利水平的变动,能够揭示企业利润的发展变化趋势,从而有助于报表使用者预测企业未来的经营能力。

(5) 可以作为企业分配经营成果的依据。利润表比较完整地提供了企业一定时期的营业利润、投资净收益和营业外收支等有关损益的情况,在扣除了所得税费用后即可计算出企业的净利润。净利润的大小决定了企业各个利害关系人的分配数额,因此,利润表为企业分配利润提供了基础数据和依据。

（6）能为企业在资本市场融资提供重要依据。企业可以在资本市场上通过发行公司债券和股票进行融资，但我国法律、法规对此有严格的规定。例如，《证券法》规定，公司"最近3年平均可分配利润足以支付公司债券1年的利息"是公司发行债券融资必须符合的条件之一。这些都表明企业的获利能力和利润水平是企业在资本市场上融资及影响企业融资规模的重要依据。

利润表一般由表首、正表和补充资料三部分构成。其中，表首说明报表名称、编制单位、编制日期、报表编号、货币名称、计量单位等；正表是利润表的主体，反映企业形成经营成果的各个项目和计算过程；补充资料反映非经常性项目对利润总额的影响。

利润表正表的结构一般有单步式利润表和多步式利润表两种。我国现行的利润表采用多步式结构。所谓多步式利润表，就是通过对当期的收入、费用、支出项目按性质加以归类，按利润形成的主要环节列示一些中间性利润指标（如营业利润、利润总额、净利润），分步计算当期净损益。

多步式利润表的格式参见表1.3。

一、认知利润表编制方法

利润表中的各个项目，应根据各损益类科目的发生额分析填列。利润表各项目的内容及其填列方法如下。

（1）以营业收入为基础，减去营业成本、税金及附加、销售费用、管理费用、财务费用、资产减值损失、信用减值损失，加上其他收益、公允价值变动收益（减去公允价值变动损失）、投资收益（减去投资损失）、资产处置收益（减去资产处置损失），计算出营业利润。

（2）以营业利润为基础，加上营业外收入，减去营业外支出，计算出利润总额。

（3）以利润总额为基础，减去所得税费用，计算出净利润（或净亏损）。

普通股或潜在普通股已公开交易的企业，以及正处于公开发行普通股或潜在普通股过程中的企业，还应当在利润表中列示每股收益信息。

利润表各项目均需填列"本期金额"和"上期金额"两栏。其中"上期金额"栏内各项数字，应根据上年该期利润表的"本期金额"栏内所列数字填列。"本期金额"栏内各期数字，除"基本每股收益"和"稀释每股收益"项目外，应当按照相关科目的发生额分析填列。比如，"营业收入"项目根据"主营业务收入""其他业务收入"科目的发生额分析计算填列；"营业成本"项目根据"主营业务成本""其他业务成本"科目的发生额分析计算填列。

二、阅读利润表项目

（一）营业收入

营业收入是指企业日常经营活动中取得的经济利益的流入。它基本上代表着整个企业的营业规模，是企业业绩最重要、最基本的来源。营业收入包括企业主要经营活动和非主要经营活动所带来的收入总额，会计核算上分别称为主营业务收入和其他业务收入。收入意味着企业资产的增加或负债的减少，也是企业财富和所有者权益增长的基础。如果企业的利润总额绝大多数来自营业收入，则企业的利润质量较高。阅读时应结合利润表附表进行，了解营业收入中主营业务收入和其他业务收入的金额，分析企业主营业务的发展趋势，进而作出合理的决策。

1. 主营业务收入

主营业务收入是企业销售商品、提供劳务等主营业务所取得的收入。

从数量上分析，主营业务收入应与资产负债表中的资产总额配比。主营业务收入代表了企业主要经营能力和获利能力，这种能力应该与企业的生产经营规模（资产总额）相适应。应结合行业进行分析，不同行业的主营业务不同，主营业务收入也不同。

从质量上分析，主营业务收入应该符合《企业会计准则第14号——收入》的规定并要划分收入与利得的界限。其中，收入属于企业主要的经常性收入，收入和相关成本在会计报表中分别反映。利得是指收入以外的其他收益，通常从偶发的经济业务中取得，属于那种不经过经营过程就能取得或不曾期望获得的收益，如企业接受捐赠或政府补助取得的资产、因其他企业违约收取的罚款、处理固定资产的净损益、流动资产价值变动等。此外，在阅读时要观察主营业务收入是否与资产负债表的应收账款配比，由此可以观察企业信用政策，是以赊销还是以现销为主。

2. 其他业务收入

其他业务收入占营业收入的比重不应该过大，若比重较高，应关注会计报表附注，检查该企业是否存在关联方交易行为。这种关联方交易主要是企业向关联方企业出租固定资产、出租包装物、出让无形资产（如专利权、商标权等）的使用权，尤其是非专利技术，应分析这种交易的真实性、合理性。

营业收入的分析可以从营业收入的构成分析与营业收入的增减变动分析等方面入手，营业收入的构成分析又包括营业收入的品种构成分析与营业收入的地区构成分析。大多数企业从事的都是多种商品或劳务的生产经营活动。在多种经营的条件下，企业不同品种的商品或劳务的营业收入构成会影响企业利润。占总收入比重大的商品或劳务是企业利润的主要增长点。地区构成分析是指企业为不同地区提供商品或劳务时，其营业收入的地区构成也是分析的重点,营业收入占总收入比重高的地区就是企业业绩的主要来源地。不同地区的消费者偏好不同,所以不同地区的市场潜力会影响企业未来的发展。

营业收入的增减变动分析是指对营业收入编制增减变动情况表来进行具体分析。

(二)营业成本

营业成本反映企业在主要经营活动以及其他业务中所发生的成本总额,在会计核算中主要分为主营业务成本和其他业务成本两部分。营业成本不同于其他费用,它是直接依附于相关产品或劳务的、被对象化了的成本费用。比如,对于工商企业而言,主营业务成本通常就是售出的库存商品的进货成本或生产成本。营业成本作为利润的减项,对利润的高低有着重要的影响。

1. 主营业务成本

主营业务成本是指企业销售商品提供劳务等主营业务而发生的实际成本。通过对企业费用项目的分析,会计信息使用者可以对企业费用的发生情况、主要用途、费用规模有一定的了解。通过对成本的分析,可以对企业产品成本水平有所了解,与销售价格对比,还可以分析产品的盈利情况。可见,费用成本信息与收入信息一样,对报表分析者有着非常重要的意义。

从数量上分析,主营业务成本与主营业务收入配比。将两者的差除以主营业务收入,即得到毛利率指标,将毛利率与行业、企业生命周期结合评价主营业务成本的合理性。

从质量上分析,主营业务成本与不同利益主体之间有一定关系。在实际工作中,一些企业为满足小集团利益,往往利用会计政策职业判断空间来调控成本。比如,将主营业务成本作为资产挂账,导致当期费用低估,资产价值高估,误导会计信息使用者;或者将资产列作费用,导致当期费用高估,资产价值低估,歪曲了利润;或随意变更成本计算方法和费用分配方法,导致成本数据不准确等。

2. 其他业务成本

分析时主要关注该项目与其他业务收入的配比性。

(三)税金及附加

税金及附加项目反映企业在本期经营活动中应负担的流转税费,如消费税、关税、城市维护建设税、资源税、土地增值税、房产税、车船税、城镇土地使用税、印花税和教育费附加等。分析该项目时,应该与营业收入配比,因为企业在一定时期内取得的营业收入要按照国家规定缴纳各种税金及附加,如果两者不配比,则说明企业有漏税嫌疑。但是由于该项目金额相对较小,所以不是分析的重点。

（四）销售费用

销售费用用来核算企业在销售过程中发生的各项费用以及为了销售而专门设立的销售机构的经营费用。销售费用的具体项目包括产品销售过程中发生的费用，如包装费、运输费、装卸费、保险费、出借包装物等周转材料的成本消耗以及委托代销费用等；也包括为了促销商品而发生的费用，如广告费、展览费、经营租赁费、售后服务费、产品质量保证损失等；还包括专设销售机构（含销售公司、销售网点、售后服务网点等）的经营费用，如相关职工薪酬、业务经费、销售用固定资产的折旧费、修理费等。对于商品流通企业，如果管理费用不多，也可以将相关内容并入销售费用中核算和反映。

销售费用作为一种期间费用，与营业收入有很强的相关性，进行分析时应注意其支出数额与本期收入数额之间是否配比，如不配比，应分析原因。在对该项目的阅读上，如果其增长幅度较大，则应观察其增长的内容。

（五）管理费用

管理费用反映企业为组织管理企业经营活动所发生的各项费用。管理费用内容非常多，应当由企业统一负担的费用一般都计入管理费用中。例如，公司筹建期间发生的开办费、公司董事会和总部各行政管理部门中的职工薪酬（包括工资、职工福利费、住房公积金、各种社会保险费、工会经费、职工教育经费、非货币性福利、辞退福利等）、公司经费、董事会费、聘请中介机构费、咨询费（含顾问费）、诉讼费、不予资本化的研发费用、技术转让费、排污费、业务招待费、用于经营管理活动的无形资产摊销、报经批准处理的存货盘亏毁损净损失等。

阅读时可将管理费用与企业营业收入配比，企业的管理费用基本属于固定性费用，在企业业务量一定、收入量一定的情况下，有效地控制企业固定性行政管理费用，将会给企业带来更多的收益；同时，将企业管理费用与财务预算配比，分析管理费用的合理性，管理费用数额的大小反映了企业经营管理的理念与水平。

（六）财务费用

财务费用主要是指企业为筹集生产经营所需资金而发生的各项费用。财务费用包括利息支出（利息收入冲减财务费用）、汇兑损益、金融机构手续费、企业发生的现金折扣（收到的现金折扣冲减财务费用）。需要注意的是，借款费用应当考虑资本化问题，只有非资本化的金额才计入财务费用。

阅读时应将财务费用与营业收入配比，通过行业水平、企业规模以及本企业经营生命周期和历史水平分析，考察财务费用的合理性及财务风险情况。此外，应考虑财务费用赤字问题，对于大多数企业而言，财务费用不会出现赤字，当企业存款利息收入大于贷款利息费用时会出现财务费用赤字，如果数额较大，则属于不正常现象。

(七) 资产减值损失

资产减值损失是企业计提各种资产减值准备形成的损失。对其分析时应注意资产减值损失与资产负债表中有关项目(如存货、长期股权投资、固定资产等)的配比,并考虑将企业各项资产减值准备的情况与企业以往情况、市场情况、行业水平比较,观察其异常变化,分析企业是否应用资产减值损失来调节利润。

(八) 信用减值损失

该项目反映企业按照《企业会计准则第 22 号——金融工具确认和计量》(财会〔2017〕7 号)的要求计提的各项金融工具信用减值准备所确认的信用损失。例如,应收账款发生坏账时,需要通过这个项目反映。这个和以往是不同的。

(九) 公允价值变动损益

公允价值变动损益反映企业在初始确认时划分为以公允价值计量且其变动计入当期损益的金融资产或金融负债(包括交易性金融资产或金融负债和直接指定为以公允价值计量且其变动计入当期损益的金融资产或金融负债),以及采用公允价值模式计量的投资性房地产、衍生工具、套期保值业务等公允价值变动形成的应计入当期损益的利得或损失。

阅读该项目时应结合利润表附表相关具体项目的明细资料进行具体分析,帮助企业作出合理的投资决策。

(十) 投资收益

投资收益反映企业确认的投资收益或者损失。在会计上,确认投资收益的事项主要有:采用成本法核算的长期股权投资的应收股利收入;采用权益法核算的长期股权投资中,因被投资方净利润(或亏损)而计算应享有(或承担)的份额;企业持有的交易性金融资产、交易性金融负债、持有者到期投资、可供出售金融资产在持有期间获得的应收股利或者应收利息收入;上述资产或负债的出售或处置损益等。此外,交易性金融资产(或交易性金融负债)在取得时支付的佣金、手续费等相关交易费用也计入投资收益(冲减投资收益)。

投资收益是一种利得,通过其他单位使用投资者投资资产所创造的效益分配后取得。由于对外投资使企业间接地获取投资收益,投资收益的高低和真实性也不易控制。

(十一) 资产处置收益

该项目反映企业出售划分为持有待售的非流动资产(金融工具、长期股权投资和投资性房地产除外)或处置组(子公司和业务除外)时确认的处置利得或损失,以及处置未划分为持有待售的固定资产、在建工程、生产性生物资产及无形资产而产生的处置利得或损失。债务重组中因处置非流动资产(金融工具、长期股权投资和投资性房地产除外)产生的利得或损失和非货币性资产交换中换出非流动资产（金融工具、长期股权投资和投资性房地产除外）产生的利得或损失也包括在本项目内。该项目应根据"资产处置损益"科目的发生额分析填列；如为处置损失，以"－"号填列。

（十二）营业外收入

营业外收入是企业发生的与生产经营无直接关系的各项收入。通常属于不经过经营过程就能取得或不曾期望获得的收益，因此其数额一般很少，对企业利润的影响也较弱，如果数额较大，则需要进一步分析是否为以操纵企业利润为目的的关联方交易。

（十三）营业外支出

营业外支出是指不属于企业生产经营费用，与企业生产经营活动没有直接的关系，但应从企业实现的利润总额中扣除的支出，包括固定资产盘亏、报废、毁损的净损失、非季节性和非修理性期间的停工损失、职工子弟学校经费和技工学校经费、非常损失、公益救济性的捐赠、赔偿金、违约金等。该项目反映了企业发生的与本企业生产经营无直接关系的各项支出。营业外支出金额不应过大，否则是不正常的。

（十四）所得税费用

所得税是企业的一项费用，但是该项目并不是直接由当期利润总额乘以税率得到的，因为税法与会计准则对企业会计项目金额的认定不同，致使企业所得税费用与当期应交所得税不同。分析该项目时应结合资产负债表中的递延所得税资产、递延所得税负债和应交税费项目来分析。

（十五）净利润

净利润是企业最终取得的财务成果，也是可供企业所有者分配的财务成果。它是企业正常生产经营、非正常生产经营共同的成果，虽然有偶然、非正常因素的影响，但毕竟是企业实现的、最终归所有者所有的资源。对于净利润的分析，在利润总额的基础上，还需要考虑所得税。

（十六）其他综合收益的税后净额

该项目具体包括以后会计期间不能重分类进损益的其他综合收益和以后会计期间在满足规定条件时将重分类进损益的其他综合收益。

（十七）综合收益总额

该项目具体包括净利润与其他综合收益税后净额之和。

（十八）每股收益

每股收益即每股盈利（EPS），又称每股税后利润、每股盈余，是指税后利润与股本总数的比率，是普通股股东每持有一股所能享有的企业净利润或需承担的企业净亏损。每股收益通常被用来反映企业的经营成果，衡量普通股的获利水平及投资风险，是投资者等信息使用者据以评价企业盈利能力、预测企业成长潜力、进而作出相关经济决策的重要财务指标之一。

名师精品·
Gaozhigaozhuan Kuaiji Xilie
高职高专会计系列

第二节 利润表质量认知

利润表是反映企业在一定会计期间经营成果的报表。我国利润表采用多步式。利润表中的各个项目,应根据各损益类科目的发生额分析填列。第一,以营业收入为基础计算出营业利润;第二,以营业利润为基础计算出利润总额;第三,以利润总额为基础计算出净利润(或净亏损)。

利润表比较分析是通过对水平利润表和垂直利润表分别分析来完成的,在分析时要结合各项目的内涵和质量,从内因揭示企业利润的变动情况。

一、编制并分析水平利润表

水平利润表是通过对企业连续两期或多期利润表中的数据进行比较,计算其增减变动的数额和增减变动的百分比,从而了解企业利润变动趋势,包括变动方向、数额和幅度,据以预测企业未来财务活动的发展前景。

水平利润表分析可以分别从绝对额比较分析和百分率比较分析来进行。绝对额比较分析是以利润表中各项目的增减变动额为分析对象,通过分析各期金额的增减变化及其趋向,来判断企业的发展前景;百分率比较分析是通过利润表中各项目的增减变动百分比进行的分析,能够揭示各损益项目变动对经营成果的影响,从而判断企业的发展前景。

(一)编制水平利润表

水平利润表如表 3.1 所示。

表 3.1

水平利润表

项　　目	本年数	上年数	差异
一、营业收入			
减:营业成本			
税金及附加			
销售费用			
管理费用			
研发费用			
财务费用			
其中:利息费用			
利息收入			
资产减值损失			

（续表）

项　目	本年数	上年数	差异
信用减值损失			
加：其他收益			
投资收益（损失以"－"号填列）			
其中：对联营企业和合营企业的投资收益			
净敞口套期收益（损失以"－"号填列）			
公允价值变动收益（损失以"－"号填列）			
资产处置收益（损失以"－"号填列）			
二、营业利润（亏损以"－"号填列）			
加：营业外收入			
减：营业外支出			
三、利润总额（亏损总额以"－"号填列）			
减：所得税费用			
四、净利润（净亏损以"－"号填列）			

（二）分析水平利润表

分析水平利润表时可以从营业利润、利润总额和净利润三个方面展开，分别分析每个利润项目的变动情况及变动原因，找出企业利润增长的有利因素和不利因素。

根据分析的目的和要求不同，水平分析法有以下三种比较形式。

（1）实际指标同预算比较。实际指标同预算（计划或定额）比较，可以揭示实际与预算（计划或定额）之间的差异，了解该指标的完成情况。

（2）本期指标同上期指标或历史最高水平比较。本期指标同上期指标或历史最高水平比较，可以确定前后不同时期有关指标的变动情况，了解企业生产经营活动的发展趋势和管理工作的改进情况。

（3）本企业指标与国内外同行业先进指标比较。本企业指标与国内外同行业先进指标比较，可以找出本企业与先进企业之间的差异，推动本企业改善经营管理方法，赶超先进水平。

二、编制并分析垂直利润表

（一）编制垂直利润表

利润表垂直分析是指以利润表中营业收入项目为100%，计算出各个项目占营业收入的百分比，再比较各个指标百分比的增减变动情况，以此判断有关费用、利润指标的变动规律和趋势，了解利润形成过程的概况，为进一步深入分析重点项目奠定基础的利润表分析方法。垂直利润表如表3.2所示。

表 3.2

垂直利润表

指　　标	本年数	
	数值	占比
一、营业收入	××	100%
减：营业成本		
税金及附加		
销售费用		
管理费用		
研发费用		
财务费用		
其中：利息费用		
利息收入		
资产减值损失		
信用减值损失		
加：其他收益		
投资收益(损失以"－"号填列)		
净敞口套期收益(损失以"－"号填列)		
公允价值变动收益(损失以"－"号填列)		
资产处置收益(损失以"－"号填列)		
二、营业利润(亏损以"－"号填列)		
加：营业外收入		
减：营业外支出		
三、利润总额(亏损总额以"－"号填列)		
减：所得税费用		
四、净利润(净亏损以"－"号填列)		

(二) 分析垂直利润表

利润表垂直分析可以从静态角度评价实际利润构成情况,也可以从动态角度将实际利润构成与标准或基期利润构成进行分析评价;对于标准与基期利润构成,既可以用预算数,也可以用上期数,还可以用同行业比较数据。不同的比较标准将实现不同的分析评价目的。

垂直分析法是将常规的财务报表换算成结构百分比形式的报表,然后将本期与前一期或几期的结构百分比报表汇编在一起,逐项比较,查明各特定项目在不同年度所占比重的变化情况,以进一步判断企业的财务状况与经营成果的发展趋势。利润表的垂直分析可以从以下几个方面进行。

(1) 通过对净利润、利润总额和营业利润占营业收入的比重分析,明确百元收入净利润形成各环节的贡献或影响程度。

(2) 通过对营业成本占营业收入的比重评价,揭示企业成本水平。

(3) 通过对期间费用占营业收入的比重评价,揭示企业的期间费用水平。

现金流量表的认知

项目描述

现金流量表是指反映企业一定会计期间内现金和现金等价物流入和流出的报表。现金流量表中将各种活动引起的现金流量按结果不同,分为现金流入量、现金流出量和现金净流量。现金流入量反映企业各种活动引起的现金流入总额。现金流出量反映企业各种活动引起的现金流出总额。现金净流量指现金流入与现金流出的差额。现金流量表中现金净流量可能是正数,也可能是负数,若为正数表示现金净流入,若为负数表示现金净流出。

现金流量表反映了企业在一定时期内创造的现金数额,揭示了在一定时期内现金流动的状况。对现金流量表进行分析的作用如下:第一,提供企业一定时期内因经营活动而发生的现金收入来源和支出去向的信息,借以预测企业在未来期间产生现金流量的能力;第二,反映企业现金增减变动的原因,分析在一定时期企业所产生的现金能否足够偿还债务和满足其他需要现金的预算支出,判断和衡量企业偿债能力和支付股利的能力;第三,反映企业经营成果和营业活动的现金流量之间的关系,便于分析企业现金充裕或紧缺的原因;第四,分析企业投资活动和筹资活动对财务状况的影响,有助于财务信息使用者评价和比较不同企业未来现金流量的情况以及投资的风险。

第一节 现金流量表项目认知

一、现金流量

(一) 现金流量的分类

现金流量是指企业一定时期的现金和现金等价物的流入和流出的数量。企业产生的现金流量分为三类。

1. 经营活动产生的现金流量

经营活动是指企业投资活动和筹资活动以外的所有交易或事项。经营活动产生的现金流量主要包括销售商品、提供劳务、购买商品、接受劳务、支付工资和缴纳税款等流入和流出的现金和现金等价物。

2. 投资活动产生的现金流量

投资活动是指企业长期资产的购建和不包括在现金等价物范围内的投资及其处置活动。投资活动产生的现金流量主要包括购建固定资产、处置子公司及其他营业单位等流入和流出的现金和现金等价物。

3. 筹资活动产生的现金流量

筹资活动是指导致企业资本及债务规模和构成发生变化的活动。筹资活动产生的现金流量主要包括吸收投资、发行股票、分配利润、发行债券、偿还债务等流入和流出的现金和现金等价物。偿付应付账款、应付票据等商业应付款等属于经营活动,不属于筹资活动。

(二) 企业的经济业务与现金流量

一般而言,能够引起企业现金流量净额发生变动的交易或事项,均应纳入当年的现金流量表编制范围。企业日常经营业务是影响现金及现金等价物的重要因素,但不是所有的交易或事项都影响现金净流量。企业的经济业务按照其与现金流量的关系可以分为以下三种情况。

1. 现金各项目之间的增减变动

现金各项目主要是指库存现金、银行存款、其他货币资金及现金等价物四项。现金各项目之间的增减变动,在增加现金流入量的同时,也增加了现金流出量,不会影响现金净流量的增减变动。比如,从银行提取现金,用现金购买1个月到期的国债、将现金送存银行等,均属于现金各项目之间的增减变动,不会引起企业当期现金净流量的变化。

2. 非现金各项目之间的增减变动

非现金各项目是指除了库存现金、银行存款、其他货币资金及现金等价物以外的其他会计事项,如固定资产、无形资产等。非现金各项目之间的增减变动不涉及现金的收支,不会影响现金净流量的增减变动。例如,用固定资产清偿债务、用原材料对外投资、提取固定资产的折旧等会计事项,都属于非现金各项目的增减变动,不涉及现金收支,不会引起当期现金净流量的增减变动。

3. 现金各项目与非现金各项目之间的增减变动

现金各项目与非现金各项目之间的增减变动,只会引起现金流入量与现金流出量的单方面变化,从而引起现金净流量的增加或减少。例如,用现金购买原材料,非现金项目原材料增加,企业现金流出量增加,企业现金净流量减少。又如,收回长期股权投资,企业的非现金项目长期股权投资减少,而现金流入量增加,企业的现金净流量增加。凡是现金各项目与非现金项目之间的增减变动,都会引起现金净流量的增减变动。

凡是引起现金净流量发生变化的业务,均应列入现金流量表的编制范围;不影响现金净流量变化的经济业务,不应列入现金流量表。因此,现金各项目与非现金各项目之间的增减变动的交易或事项列入现金流量表的编制范围,现金各项目内部的增减变动及非现金项目之间的增减变动,因其不影响现金净流量,因此不反映在现金流量表中。但属于重要的投资活动和筹资活动,应在现金流量表补充资料中单独反映,如债务转为资本、融资租入固定资产等情况。

二、认知现金流量表的结构

现金流量表正表根据企业经济业务的性质和现金流量的来源,分类反映经营活动产生的现金流量、投资活动产生的现金流量和筹资活动产生的现金流量,最后汇总反映企业某一期间现金及现金等价物的净增加额。在有外币现金流量及境外子公司的现金流量折算为人民币的企业,还应单设"汇率变动对现金及现金等价物的影响"项目。现金流量表如表 4.1 所示。

表 4.1

现金流量表

会企 03 表

编制单位:　　　　　　　　　___年___月　　　　　　　　单位:元

项　　　目	本期金额	上期金额
一、经营活动产生的现金流量:		
销售商品、提供劳务收到的现金		
收到的税费返还		
收到其他与经营活动有关的现金		
经营活动现金流入小计		
购买商品、接受劳务支付的现金		
支付给职工以及为职工支付的现金		
支付的各项税费		
支付其他与经营活动有关的现金		
经营活动现金流出小计		
经营活动产生的现金流量净额		

（续表）

项　　目	本期金额	上期金额
二、投资活动产生的现金流量：		
收回投资收到的现金		
取得投资收益收到的现金		
处置固定资产、无形资产和其他长期资产收回的现金净额		
处置子公司及其他营业单位收到的现金净额		
收到其他与投资活动有关的现金		
投资活动现金流入小计		
购建固定资产、无形资产和其他长期资产支付的现金		
投资支付的现金		
取得子公司与其他营业单位支付的现金净额		
支付其他与投资活动有关的现金		
投资活动现金流出小计		
投资活动产生的现金流量净额		
三、筹资活动产生的现金流量：		
吸收投资收到的现金		
取得借款收到的现金		
收到其他与筹资活动有关的现金		
筹资活动现金流入小计		
偿还债务支付的现金		
分配股利、利润或偿付利息支付的现金		
支付其他与筹资活动有关的现金		
筹资活动现金流出小计		
筹资活动产生的现金流量净额		
四、汇率变动对现金及现金等价物的影响		
五、现金及现金等价物净增加额		
加：期初现金及现金等价物余额		
六、期末现金及现金等价物余额		

　　现金流量表补充资料是对正表内容的补充说明，主要包括三项内容。
　　（1）将净利润调节为经营活动现金流量。
　　（2）不涉及现金收支的投资活动和筹资活动。
　　（3）现金及现金等价物净增加情况。

三、认知现金流量表编制方法

　　编制现金流量表时，列报经营活动的现金流量的方法有直接法和间接法两种。在直接法下，一般是以利润表中的营业收入为起算点，调节与经营活动有关的项目的增减变动,然后计算出经营活动产生的现金流量。在间接法下,将净利润调节为经营活动现金流量,实际上就是将按权责发生制原则确定的净利润调整为现金净流入,并剔除投资活动和筹资活动对现金流量的影响。

采用直接法编报的现金流量表,便于分析企业经营活动产生的现金流量的来源和用途,预测企业现金流量的未来前景;采用间接法编报现金流量表,便于将净利润与经营活动产生的现金流量净额进行比较,了解净利润与经营活动产生的现金流量差异的原因,从现金流量的角度分析净利润的质量。所以,我国《企业会计准则》规定企业应当采用直接法编报现金流量表,同时要求在附注中提供以净利润为基础调节到经营活动现金流量的信息。

采用直接法具体编制现金流量表时,可以采用工作底稿法或 T 形账户法,也可以根据有关科目记录分析填列。

分析填列法是直接根据资产负债表、利润表和有关会计科目明细账的记录,分析计算现金流量表各项目的金额,并据以编制现金流量表的一种方法。

除了上述介绍的现金流量表编制方法外,现金流量表还有一些简化编制方法。

(一) 现金类日记账法

由于现金流量表是以现金及现金等价物为基础,反映企业的经营活动、投资活动和筹资活动的现金流入量和现金流出量,涉及的会计账簿主要有"库存现金""银行存款"和"其他货币资金",这几个账簿可以统称为现金类日记账,具体步骤如下。

(1) 设置"现金日记账""银行存款日记账"和"其他货币资金日记账"。因为企业的日常核算就要设置这三个日记账,因此,一般只需增设"现金等价物明细账"即可。

(2) 在现金类日记账的摘要旁增加"现金流量表行次"一列,简称"行次",以备积累编制现金流量表的基本资料。"行次"的数字以本书现金流量表中列示的行次为准,实际代表的是该行现金流量表的项目名称。

(3) 企业发生的影响现金流量的业务在登记现金类日记账借贷方的同时,确认该业务应记入现金流量表的项目,将该项目对应的行次的序号记入该账户的"行次"一列。例如,企业从银行借入 3 年期借款 50 万元,存入银行。在登记银行存款日记账借方 50 万元的同时,在"行次"内加注序号(筹资活动中"取得借款收到的现金"所在的行号),表明该项现金流入应列入筹资活动的"取得借款收到的现金"项目。

(4) 在某项业务涉及现金及现金等价物,但不影响企业的现金净流量时,在登记现金类日记账的同时,在"行次"内打"×",表示该项业务不应记入现金流量表。例如,从银行提取现金 60 万元,备发工资。在银行存款日记账的贷方登记 60 万元,同时在"行次"内划"×",现金日记账的登记方法相同。

(5) 期末,汇总现金类日记账中的"行次"相同的项目所记录的数字,将其合计数列入现金流量表对应的项目,即可完成现金流量表的编制。

名师精品·

Gaozhigaozhuan Kuaiji Xilie

高职高专会计系列

需要注意的是,如果一借一贷的会计分录,分别属于现金流量表的两个不同项目,要分别注明对应的科目名称、金额及所属的现金流量表行次。例如,支付工资 19 万元,其中支付给在建工程人员工资 5 万元,其他职工工资 14 万元,在登记现金日记账时,"行次"应分别填对应"购建固定资产、无形资产及其他长期资产支付的现金"和"支付给职工以及为职工支付的现金"项目的所在行。

(二) 现金流量台账法

由于现金流量表是按经营活动、投资活动、筹资活动三大类反映现金的流入和流出的数量,因此可以直接根据现金流量的这三大类设置台账,根据收款凭证、付款凭证及与现金流量表有关的转账凭证,分别登记现金流量台账,作为编制现金流量表的基础。具体步骤如下。

(1) 开设"经营活动现金流量""投资活动现金流量"和"筹资活动现金流量"三大类台账,每类台账中按现金流入各项目、现金流出各项目、现金净流量设置分析栏。

(2) 对于涉及现金及现金等价物收支、引起现金净流量发生变化的经济业务,不仅按照会计核算程序登记"现金日记账""银行存款日记账"和"其他货币资金日记账"等账户,同时,还应登记"经营活动现金流量""投资活动现金流量"和"筹资活动现金流量"三大类台账,分别列入现金流量表的对应项目。

(3) 每期终了,计算台账中各项目的合计数,计算现金流入小计、现金流出小计、现金流量净额。编制年度现金流量表时,将各月份的数字加总即可。

四、阅读现金流量表项目

(一) 经营活动现金流量主要项目阅读

1. 销售商品、提供劳务收到的现金

"销售商品、提供劳务收到的现金"是企业现金流入的主要来源,通常具有数额大、所占比重大等特点,通过与利润表中的营业收入总额相对比,可以判断企业销售收现率的情况。一般来讲,较高的收现率表明企业产品定位正确,适销对路,并已形成卖方市场的良好经营环境。

2. 收到的税费返还

"收到的税费返还"通常数额不大,对经营活动现金流入量影响也不大。

3. 收到其他与经营活动有关的现金

"收到其他与经营活动有关的现金"具有不稳定性等特点,数额不应过多。

4. 购买商品、接受劳务支付的现金

"购买商品、接受劳务支付的现金"应是企业现金流出的主要方向,通常具有数额大、所占比重大等特点。将其与利润表中的营业成本相对比,可以判断企业购买商品付现率的情况,借此可以了解企业资金的紧张程度或企业的商业信用情况,从而可以更加清楚地认识到企业目前所面临的财务状况。

5. 支付其他与经营活动有关的现金

"支付其他与经营活动有关的现金"具有不稳定性等特点,数额不应过多。

经营活动的现金流量反映了企业资金的充裕程度,正的金额越大,企业资金越充裕,就有更多的资金用于企业进一步扩大经营规模使用;反之,若企业经营活动的现金流量长期为负数,则企业将会入不敷出,难以支付企业的日常开支和到期偿还债务,严重的会导致企业破产。经营活动现金流量的充裕性分析可以从以下方面进行。

(1) 经营活动产生的现金流量小于零,在这种情况下,企业正常的经营活动产生的现金流入不足以支付企业经营活动引起的现金流出。如果企业处于初创期,由于要扩大生产经营活动、开拓市场,经营活动的现金流量会出现负值,这是企业成长过程中的正常现象。处于成长期的企业,虽然创造的现金不断增加,但由于还处在不断扩大再生产的过程中,一般不会有很充裕的现金流量;企业处于成熟期以后,经营活动的现金流量若仍为负数,则必须采取一定的手段筹集短期周转资金,否则会面临资金链断裂的情况,可能导致企业破产;在企业的衰退期,由于新产品的出现和市场占有率的下滑,在后期经营活动现金流量一般也是负数,这是企业发展过程中的正常现象。

(2) 经营活动产生的现金流量等于零,此时,企业经营活动产生的现金流入正好满足经营活动引起的现金流出,企业的经营现金流量处于平衡状态。在这种情况下,企业仅弥补了付现成本,非付现成本没有得到货币补偿。从短期看,企业无须向短期周转中注入资金,仍然可以维持周转;但从长期来看,一旦需要重新购置固定资产,企业就面临着资金危机,必须采用一定的手段融资,否则无法更换设备继续生产。即使筹集到了资金,企业如果一直处于无法使非付现成本得到货币补偿的状态,就仍然存在着很大的融资困难,最终可能导致破产。

(3) 经营活动产生的现金流量大于零,但是无法完全弥补非付现成本。在这种情况下,企业的经营活动现金流入足以使付现的经营成本得到货币补偿,但是无法完全弥补折旧、摊销等非付现成本。由于折旧、摊销费用不需要立即支付现金,企业日常开支并不困难,甚至有一部分结余。但是,由于积累资金不足以重新购置固定资产,长期而言企业仍然面临危机。

(4) 经营活动产生的现金流量大于零,并且正好可以弥补非付现成本。在这种情况下,企业摆脱了日常经营在现金流量方面的压力,企业经营活动产生的现金流量刚好能弥补企业付现成本和非付现成本,能够维持经营活动货币资金的简单再生产,但是无法为企业扩大再生产和进一步发展提供资金。

(5) 经营活动产生的现金流量大于零,并且在弥补非付现成本后仍有剩余。在这种情况下,企业经营现金流量完全弥补非付现成本后仍有剩余的资金可以用于投资和筹资活动等,有利于企业长期可持续发展,是企业运行的一种良好状态。企业富余的现金可以用于购置设备,从而扩大生产规模,使企业获得更大的发展潜力。

（二）投资活动现金流量主要项目阅读

1. 收回投资收到的现金

"收回投资收到的现金"不能绝对地追求数额过大。投资扩张是企业未来创造利润的增长点，缩小投资可能意味着企业存在规避投资风险、投资战略改变或资金紧张等问题。

2. 取得投资收益收到的现金

"取得投资收益收到的现金"表明企业进入投资回收期，通过分析可以了解投资回报率的高低。

3. 处置固定资产、无形资产和其他长期资产收回的现金净额

"处置固定资产、无形资产和其他长期资产收回的现金净额"一般金额不大，如果数额较大，表明企业的产业、产品结构将有所调整，或者表明企业未来的生产能力将受到严重的影响，已经陷入深度的债务危机之中，靠出售设备来维持经营。

4. 处置子公司及其他营业单位收到的现金净额

"处置子公司及其他营业单位收到的现金净额"反映企业处置子公司及其他营业单位所取得的现金减去相关处置费用后的净额。

5. 购建固定资产、无形资产和其他长期资产支付的现金

"购建固定资产、无形资产和其他长期资产支付的现金"表明企业扩大再生产能力的强弱，可以了解企业未来的经营方向和获利能力，揭示企业未来经营方式和经营战略的发展变化。

6. 投资支付的现金

"投资支付的现金"表明企业参与资本市场运作、实施股权及债权投资能力的强弱，可以分析投资方向与企业的战略目标是否一致。

（三）筹资活动现金流量主要项目阅读

1. 吸收投资收到的现金

"吸收投资收到的现金"表明企业通过资本市场筹资能力的强弱。

2. 取得借款收到的现金

"取得借款收到的现金"数额的大小表明企业通过银行筹集资金能力的强弱，在一定程度上代表了企业商业信用的高低。

3. 偿还债务支付的现金

"偿还债务支付的现金"有助于分析企业资金周转是否已经进入良性循环状态。

4. 分配股利、利润和偿付利息支付的现金

"分配股利、利润和偿付利息支付的现金"反映企业实际支付的现金股利，支付给其他投资单位的利润或用现金支付的借款利息、债券利息。利润的分配情况可以反映企业现金的充裕程度。

5. 收到其他与筹资活动有关的现金、支付其他与筹资活动有关的现金

"收到其他与筹资活动有关的现金、支付其他与筹资活动有关的现金"数额一般较小,如果数额较大,应注意分析其合理性。

(四) 汇率变动对现金的影响阅读

汇率变动对现金的影响反映下列项目的差额。

(1) 企业外币现金流量及境外子公司的现金流量折算为记账本位币时,所采用的现金流量发生日的即期汇率或按照系统合理的方法确定的、与现金流量发生日即期汇率近似的汇率折算的金额。

(2)"现金及现金等价物净增加额"中外币现金净增加额按期末汇率折算的金额。如果现金及现金等价物净增加额数额较大,需要借助会计报表附注的相关内容分析其原因及其合理性。

第二节　现金流量表质量认知

现金流量表是反映企业在一定会计期间现金及现金等价物流入和流出情况的报表。现金流量表反映了现金的变化过程。现金流量表中的"现金"包括现金和现金等价物两部分;现金流量表比较分析是通过对水平现金流量表和垂直现金流量表分别分析来完成的,在分析时要结合各项目的内涵和质量,从内因揭示企业现金及现金等价物的变动情况。

一、编制并分析水平现金流量表

水平现金流量表的分析方法与水平资产负债表及水平利润表的分析相同,通过水平分析,计算现金流量表各项目的变动额及变动率,分析主要项目变动幅度及变动原因,对企业现金流量情况的合理性进行评价。

二、编制并分析垂直现金流量表

垂直现金流量分析是指各种现金流入量、各种现金流出量及净现金流量在企业总的现金流入量、总的现金流出量及全部净现金流量的比例关系。现金流量表结构分析的目的在于揭示现金流入量和现金流出量的结构情况,从而抓住企业现金流量管理的重点,具体可以从以下几个方面进行。

(一) 现金流入结构分析

现金流入结构包括两部分:一部分是反映企业经营活动的现金流入量、投资活动的现金流入量和筹资活动的现金流入量分别占现金总流入量的比重;另一部分是反映经营活动、投资活动和筹资活动等各项业务活动现金流入中具体项目的构成比重。现金流入结构分析可以明确企业的现金究竟来自何方,企业应该从哪些方面采取措施增加现金流入量。

(二) 现金流出结构分析

现金流出结构包括两部分:一部分是反映企业经营活动的现金流出量、投资活动的现金流出量和筹资活动的现金流出量分别占现金总流出量的比重;

另一部分是反映经营活动、投资活动和筹资活动等各项业务活动现金流出中具体项目的构成比重。现金流出结构分析可以表明企业的现金究竟流向何方,可以查找能够节约开支的项目。

(三) 净现金流量结构分析

净现金流量结构反映公司经营活动、投资活动及筹资活动的现金净流量占公司全部净现金流量的比例,也就是企业本年度创造的现金及现金等价物净增加额,以上三类活动的贡献程度。通过净现金流量分析,可以明确反映出本期的现金净流量主要为哪类活动所产生,以此说明现金净流量形成的原因是否合理。

现金流量垂直分析方法主要采用比率分析法,通过判断比例的合理性程度来反映企业现金流量的水平。现金流量项目组合分析表如表 4.2 所示。

表 4.2

现金流量项目组合分析表

现金流量方向			一般分析结果
经营活动	投资活动	筹资活动	
+	+	+	企业筹资能力强,经营与投资收益良好,财务风险很小。此时,应警惕资金的浪费,把握良好的投资机会
+	+	−	企业进入成熟期。在这个阶段,产品销售市场稳定,已进入投资回收期,经营及投资收入良性循环,财务状况稳定安全,处于债务偿还期,财务风险小
+	−	+	企业处于调整发展的扩张期。产品的市场占有率高,销售呈现快速上升趋势,造就经营活动中大量货币资金的回笼。为了扩大市场份额,企业仍然需要大量追加投资,仅靠经营活动现金流量净额远不能满足所追加的投资,必须筹集必要的外部资金作为补充,财务风险小
+	−	−	企业经营状况良好,可在偿还前欠债务的同时继续投资,财务风险小,但应密切关注经营状况的变化,防止由于经营状况的恶化而导致财务状况恶化
−	+	+	企业借债维持经营活动所需资金,财务状况可能恶化,财务风险大,投资活动现金流入增加是一亮点,但要分析是来源于投资收益还是投资收回。如果是后者,企业所面临的形势将更加严峻
−	+	−	企业处于衰退期。市场萎缩,产品销售的市场占有率下降,经营活动现金流入小于流出,同时企业为了偿付债务不得不大规模收回投资以弥补现金的不足。如果投资活动现金流量来源于投资收益还好,如果来源于投资的收回,则企业将会出现更深层次的危机,财务风险极大
−	−	+	有两种情况:①企业处于初创期阶段,需要投入大量资金,形成生产能力,开拓市场,其资金来源只有举债、融资等筹资活动;②企业处于衰退阶段,靠借债维持日常生产经营活动,如果渡不过难关,再继续发展将非常危险,财务风险大
−	−	−	这种情况往往发生在盲目扩张后的企业,由于市场预测失误等原因,造成经营活动现金流入小于流出,投资效益低下造成亏损,使投入扩张的大量资金难以收回,财务状况异常危险,到期债务不能偿还,财务风险极大

第 五 章

所有者权益变动表的认知

项目描述

　　所有者权益变动表又称股东权益变动表,是反映构成所有者权益的各组成部分当期增减变动情况的报表。所有者权益变动表不仅反映各项交易或事项导致的所有者权益增减变动的信息,还反映所有者权益各组成部分增减变动的结构性信息。

　　所有者权益是指企业资产扣除负债后由所有者享有的"剩余权益",又称为净资产。公司的所有者权益又称为股东权益。所有者权益主要分为实收资本、其他权益工具、资本公积、其他综合收益、盈余公积和未分配利润。其中:实收资本和资本公积属于投资者投入资本;盈余公积和未分配利润属于生产经营过程中形成的留存收益。

Project Description

在所有者权益变动表中,综合收益总额以及所有者的资本交易导致的所有者权益的变动,应当分别列示。

对所有者权益变动表进行分析,其作用如下:第一,通过对所有者权益变动表的分析,可以清晰体现会计期间构成所有者权益各个组成项目的结构比例和变动趋势,揭示所有者权益变动的原因及过程,反映公司自有资本的质量,提供资本保值增值的重要信息;第二,通过对所有者权益变动表的分析,可以进一步报告全面、有用的财务业绩信息,以满足报表使用者投资、信贷及其他经济决策的需要;第三,通过对所有者权益变动表的分析,可以反映会计政策变更的合理性以及前期差错更正的幅度,具体报告会计政策变更和前期差错更正对所有者权益的影响金额;第四,通过对所有者权益变动表的分析,可以反映股利分配政策、股权分置等财务政策对所有者权益的影响。

第一节　所有者权益变动表项目认知

所有者权益变动表主要从两方面反映构成所有者权益的各组成部分当期的增减变动情况:一方面列示导致所有者权益变动的交易或事项,从所有者权益变动的来源对一定时期所有者权益变动情况进行全面反映;另一方面按照所有者权益各组成部分(包括实收资本、其他权益工具、资本公积、库存股、其他综合收益、盈余公积和未分配利润)及其总额列示交易或事项对所有者权益的影响。此外,企业还需要提供比较所有者权益变动表,分为"本年金额"和"上年金额"两栏,分别反映当年和上年所有者权益增减变动以及年初、年末情况。所有者权益变动表主要反映以下内容。

(1) 综合收益总额。

(2) 所有者投入和减少资本。

(3) 利润分配。

(4) 所有者权益内部结转。

(5) 会计政策变更和差错更正的累计影响金额。

(6) 实收资本(或股本)、其他权益工具、资本公积、库存股、其他综合收益、盈余公积、未分配利润的期初和期末余额及其调节情况。

一、认知所有者权益变动表的结构

所有者权益变动表如表 5.1 所示。

表 5.1

所有者权益变动表

会企 04 表

编制单位： ＿＿＿＿年度 单位：元

项　目	本年金额										上年金额									
	实收资本（或股本）	其他权益工具			资本公积	减：库存股	其他综合收益	盈余公积	未分配利润	所有者权益合计	实收资本（或股本）	其他权益工具			资本公积	减：库存股	其他综合收益	盈余公积	未分配利润	所有者权益合计
		优先股	永续债	其他								优先股	永续债	其他						
一、上年年末余额																				
加：会计政策变更																				
前期差错更正																				
其他																				
二、本年年初余额																				
三、本年增减变动金额（减少以"－"号填列）																				
（一）综合收益总额																				
（二）所有者投入和减少资本																				
1. 所有者投入的普通股																				
2. 其他权益工具持有者投入资本																				
3. 股份支付计入所有者权益的金额																				
4. 其他																				
（三）利润分配																				
1. 提取盈余公积																				
2. 对所有者（或股东）的分配																				
3. 其他																				
（四）所有者权益内部结转																				
1. 资本公积转增资本（或股本）																				
2. 盈余公积转增资本（或股本）																				
3. 盈余公积弥补亏损																				
4. 设定受益计划变动额结转留存收益																				
5. 其他综合收益结转留存收益																				
6. 其他																				
四、本年年末余额																				

二、认知所有者权益变动表的编制方法

所有者权益变动表中涉及的是所有者权益类的各个科目,反映企业所有者权益各项目的增减变化。各项目应根据"实收资本(股本)""其他权益工具""资本公积""其他综合收益""盈余公积""库存股""利润分配"各明细科目的本年年初余额、借方发生额、贷方发生额、年末余额分析填列,增加金额用正号填列,减少金额用负号填列。

(一) 所有者权益变动表各项目的填列

1. 上年年末余额

"上年年末余额"反映企业上年资产负债表中实收资本(或股本)、其他权益工具、资本公积、库存股、其他综合收益、盈余公积、未分配利润的年末余额。

2. 会计政策变更和前期差错更正

"会计政策变更"和"前期差错更正"分别反映企业采用追溯调整法处理的会计政策变更的累积影响金额和采用追溯重述法处理的会计差错更正的累积影响金额。影响的项目主要涉及"盈余公积""未分配利润"项目,要根据"盈余公积""利润分配"科目的发生额填列。

会计政策是指企业在会计核算过程中所采用的原则、基础和会计处理方法。会计政策变更是指企业对相同的交易或事项由原来采用的会计政策改为另一种会计政策的行为。也就是说,在不同的会计期间企业执行了不同的会计政策。一般情况下,企业在不同的会计期间应采用相同的会计政策,不应也不能随意变更会计政策,否则将削弱会计信息的可比性,使会计信息使用者在比较经营成果时发生困难。

3. 本年增减变动金额项目

"本年增减变动金额"项目分别反映如下内容。

(1)"综合收益总额"项目,反映净利润和其他综合收益扣除所得税影响后的净额相加后的合计金额。

(2)"所有者投入和减少资本"项目,反映企业当年所有者投入的资本和减少的资本。其中:"所有者投入的普通股"项目,反映企业接受投资者投入形成的实收资本(或股本)和资本溢价或股本溢价,并对应列在"实收资本"和"资本公积"栏。"股份支付计入所有者权益的金额"项目,反映企业处于等待期中的权益结算的股份支付当年计入资本公积的金额,并对应列在"资本公积"栏。

(3)"利润分配"项目下的各项目,反映当年对所有者(或股东)分配的利润(或股利)金额和按照规定提取的盈余公积金额,并对应列在"未分配利润"

和"盈余公积"栏。

利润是企业进行分配和偿债的源泉,认真分析所有者权益本期增减变动,可以看出企业利润的分配过程。

未分配利润是指企业留待以后年度分配的结存利润,也是企业所有者权益的组成部分。从数量上来说,是期初未分配利润,加上本期实现的净利润,减去提取的盈余公积和分出利润后的余额。

未分配利润通常用于以后年度向投资者进行分配。因此,这部分利润越多,说明企业当年和以后年度的积累能力、股利分配能力以及应付风险的能力就越强;未分配利润相对于盈余公积而言,属于未确定用途的留存收益,所以企业在使用上有较大的自主权,受国家法律、法规的限制较少。

(4)"所有者权益内部结转"项目下的各项目,反映不影响当年所有者权益总额的所有者权益各组成部分之间当年的增减变动,包括资本公积转增资本(或股本)、盈余公积转增资本(或股本)、盈余公积弥补亏损等项目的金额。

(二)上年金额和本年金额栏的填列说明

所有者权益变动表"上年金额"栏内各项数字,应根据上年度所有者权益变动表"本年金额"栏内所列数字填列。如果上年度所有者权益变动表规定的各个项目的名称和内容同本年度不相一致,应对上年度所有者权益变动表各项目的名称和数字按本年度的规定进行调整,填入所有者权益变动表"上年金额"栏内。

所有者权益变动表"本年金额"栏内各项数字一般应根据"实收资本(或股本)""其他权益工具""资本公积""其他综合收益""盈余公积""利润分配""库存股""以前年度损益调整"科目的发生额分析填列。

所有者权益变动表的编制主要依据资产负债表、利润表及有关业务资料。

(1)可以先根据资产负债表中的期初数据将所有者权益项目填入所有者权益变动表中"本年年初余额"。

(2)分析经济业务,按照所有者权益变动表的各个项目,查找企业经济业务中与所有者权益相关的,将数据填入表中。

(3)将所有者权益各项目从"年初余额"调整"本年增减变动"得到所有者权益项目的"本年年末余额",完成所有者权益变动表的编制。

第二节　所有者权益变动表质量认知

所有者权益变动表分析主要是对所有者权益的来源及其变动情况的分

析,了解会计期间内影响所有者权益变动的具体原因,判断构成所有者权益各个项目变动的合理性与合法性,为报表使用者提供所有者权益总额及其变动的信息。

所有者权益变动表结构分析是指对所有者权益的各子项目金额占所有者权益总额的比重的计算,并进行分析评价,揭示了企业当期所有者权益各子项目的比重及其变动情况,解释公司净资产构成的变动原因,从而进行相关决策的过程。

一、分析所有者权益变动表项目

所有者权益变动表涉及所有者权益的各个科目,反映企业所有者权益各项目的增减变动。所有者权益变动表分析主要是对所有者权益的来源及其变动情况的分析,了解会计期间内影响所有者权益变动的具体原因,判断构成所有者权益各个项目变动的合理性与合法性,为报表使用者提供所有者权益总额及其变动的信息。

实收资本与资本公积都可能是所有者投资形成的,但两者也有不同。

(一) 实收资本

1. 实收资本增加的分析

实收资本(股本)增加的途径主要有资本公积转入、盈余公积转入、投资者投入资本(包括发行新股)等。其中,前两种途径增加的实收资本是所有者权益项目的内部结转所带来的。而投资者投入资本(包括发行新股),不仅能够增加实收资本,而且还可以增加公司的资产,表明投资者对公司的发展充满信心。

实收资本的增加既能为公司发展积累物质基础,也可能带来一些新的问题。因此,对实收资本变动的分析要综合进行。对资本公积转入、盈余公积转入所增加的实收资本,主要应关注其转增的合理性。对投资者投入资本(或发行新股),应着重分析公司的业务范围、资金的使用效率及其盈利能力,是否形成新的利润增长点,为公司的持续发展和利润的稳定增长奠定基础。

分析实收资本时,首先,如果企业接受的投资是非货币资产,应分析该资产的公允价值与投资双方达成的合同金额是否相符,是否存在高估资产而导致企业资本亏蚀的情况;其次,还应观察实收资本的结构,并根据资本产权多元化的状况建立合理的代表各方利益的资本结构。此外,还可以将资本结构与净收益分配结构相比较,观察资本的平均权利在企业的实现程度。企业还可以将实收资本与负债比较,观察企业财务结构的稳定性和风险。

2. 分析实收资本结构的合理性

通过分析实收资本占所有者权益的比重,分析其结构的合理性。

3. 分析实收资本的变动趋势

从实收资本的趋势变动，分析其所有者权益资本的增长速度和变化趋势。

（二）资本公积

根据资本公积的性质和内容，在分析时应注意了解资本公积的形成过程，关注其使用流向，进而分析公司权益资本的质量。资本公积增加的原因包括资本溢价（股本溢价）和其他资本公积。资本公积减少的原因主要是转增资本（股本）。资本公积转增资本是公司内部权益资本结构的调整。它既不是投入资本的实质性增加，也不属于利润分配。分析时应注意转增资本额度的确定、转增股本后的股数和新的股权比例情况以及转增资本以后对未来收益的影响等。具体可通过转增股本前后的股本收益率、每股净资产等指标进一步加以分析。

从形成来源上看，资本公积不是企业实现的利润转化而来的。从本质上看，它应属于投入资本的范畴。资本公积与留存收益有着根本的区别，留存收益是由企业实现的利润转化而来的，这是分析资本公积时应注意的一点。同时，资本公积虽然属于投入资本范畴，但它与实收资本有所不同。实收资本一般是投资人投入的原始资本，在其来源或金额上，都有比较严格的限制；资本公积在金额上则没有严格的限制，而且来源也相对较多，既可以来源于投资者额外的投入，也可以来源于除投资者以外的其他企业或个人。

（三）库存股

库存股的分析因回购的目的不同而有所不同，具体可以根据我国《公司法》所规定的公司可以回购本公司股份的几种情形来展开。

1. 减少注册资本

为减少公司注册资本目的回购的，公司应当自收购之日起 10 日内注销所回购股份。分析时应关注公司的回购日与注销日之间的时间间隔，尤其是公司回购的股份是否已按《公司法》规定注销。也就是说，为了减少公司注册资本而回购的股份不应形成库存股。

2. 股权激励计划

基于公司股权激励计划回购的本公司股份，不得超过本公司已发行股份总额的 10％；用于收购的资金应当从公司的税后利润中支出；所收购的股份应当在 3 年内转让给职工。也就是说，对回购股份的比例、所用资金以及转让给职工的时间都有明确的规定。

3. 与其他持股公司合并

因为与持有本公司股份的其他公司合并，或者股东因对股东大会作出的公司合并、分立决议持异议，要求公司收购其股份的，公司应当在 6 个月内转让或者注销该股份。

　　分析时应特别注意的是：公司在进行股票回购时有无操纵市场的嫌疑；公司的董事有无利用股份购回及再出售机制来操控公司股价；当公司出于正当目的进行重大库存股运作前，公司董事个人或其他内幕人员有无通过事先采取行动而从中获利；公司是否通过缩小股本规模而提高每股收益或其他业绩比率，营造其业绩较好的表象，使报表使用者以为其股份有价值等。

　　库存股是指公司收回已发行的且尚未注销的股票。它同时具备四个特点：①库存股是本公司的股票；②库存股是已发行的股票；③库存股是收回后尚未注销的股票；④库存股是可以再次出售的股票。

　　库存股对企业的所有者权益有着以下影响。

　　（1）库存股不是公司的资产，而是公司所有者权益的减项。

　　（2）库存股变动不影响损益，只影响权益。

　　（3）库存股的权利受到限制。由于库存股没有具体股东，库存股不具有股利分派权、表决权、优先认购权和分配剩余财产权。

　　从实质上看，股票回购可以被认为是将股利一次性支付给股东，属于间接股利分配，但股票回购比高股利政策更具有财务影响：①合理增加库存股能够进一步提高股价，吸引投资者。公司通过增加库存股可以减少发行在外的流通股，从而达到提高每股净收益和每股股利的目的。②合理地增加库存股可以减少股东人数，化解外部控制或减少施加重要影响的公司或企业。③公司通过库存股的合理运用，可以调整自身资本结构，保证股东和债权人的利益。

　　股份公司减资时采取收购并注销本公司股票的方式，按注销股票面值总额减少股本，借记"股本"科目，按照注销库存股的账面余额，贷记"库存股"科目，按其差额，借记"资本公积——股本溢价"科目。溢价不足冲减的，应依次冲减"盈余公积""利润分配——未分配利润"等科目。如果购回股票支付的价款低于面值总额的，应按股票面值总额，借记"股本"科目，按所注销的库存股账面余额，贷记"库存股"科目，按其差额，贷记"资本公积——股本溢价"科目。

（四）其他综合收益

　　其他综合收益是指企业根据企业会计准则规定未在当期损益中确认的各项利得和损失。包括以后会计期间不能重分类进损益的其他综合收益和以后会计期间满足规定条件时将重分类进损益的其他综合收益两类。具体的项目主要有按照权益法核算因被投资单位重新计量设定收益计划净负债和净资产变动导致的权益变动、投资企业按持股比例计算确认的该部分其他综合收益项目、可供出售金融资产公允价值的变动、金融资产的重分类、存货或自用房地产转换为投资性房地产等。

（五）盈余公积

盈余公积是企业重要的积累资金，分析时应关注其形成及使用。

盈余公积的提取实际上是企业当期实现的净利润向投资者分配利润的一种限制。提取盈余公积并不是单独将这部分资金从企业资金周转过程中抽出。企业提取的盈余公积，无论是用于弥补亏损，还是用于转增资本，只不过是企业所有者权益内部结构的转换。至于企业盈余公积的结存数，实际只表现企业所有者权益的组成部分，表明企业生产经营资金的一个来源而已，其形成的资金可能表现为一定的货币资金，也可能表现为一定的实物资产。对于盈余公积项目的分析，应从以下方面进行。

1. 分析盈余公积形成是否合法

因为盈余公积是从企业税后利润中提取的积累资金，所以要注意分析公司是否按照有关规定提取盈余公积（包括法定盈余公积、任意盈余公积），注意提取的基数是否准确、比例如何确定、任意盈余公积的提取是否依据股东大会的决议等。

2. 分析盈余公积使用是否符合规定

盈余公积属于企业留存收益中指定专门用途的积累资金。所谓专门用途是指这部分净利润不能再直接分配给投资者，而是要用于法律、公司章程或股东会议指定的方面。各种不同形式的盈余公积，在其使用上有着各自不同的规定。

（1）分析用盈余公积弥补亏损时，应注意是否由董事会提议，并经股东大会批准。

（2）分析盈余公积转增资本（股本）时，应注意转增资本是否经股东大会作出决议，是否办理了增资手续。用法定盈余公积派送新股时，按股票面值和派送新股总数计算的金额如有差额，是否记入"资本公积——股本溢价"科目。

（3）公司用盈余公积分派股利的分析，应注意是否经股份有限公司股东大会作出决议；用法定盈余公积分派股票股利增加的股本是否办理了增资手续；分派股票股利的每股面值与派送价格之差是否记入"资本公积——股本溢价"科目。

（六）未分配利润

未分配利润的多少可以用来衡量公司的储备和获利能力，它在所有者权益中的比例越高，说明企业获利能力越强。未分配利润是公司留存收益的一部分。留存收益的增减变化及变动金额的多少，不仅取决于公司的盈亏状况，还取决于公司的利润分配政策。如果企业留多分少，保持较高的留存收益比率，则未分配利润增加数就较多；反之，如果是留少分多，留存收益比率较低,则未分配利润增加的数额就少。未分配利润是公司利润分配的最终结果,既可以用于生产经营,又可以用于公司开展新的业务领域,还可以留待以后年度进行股利分配。对未分配利润的分析主要应注意了解未分配利润的增减变动总额、变动原因和变动趋势,尤其是分析由于净利润的变动对未分配利润的影响,同时应分析公司的利润分配政策对未分配利润的影响。

二、分析所有者权益变动表的结构

所有者权益变动表结构分析是指对所有者权益的各子项目金额占所有者权益总额的比重的计算,并进行分析评价,揭示了企业当期所有者权益各子项目的比重及其变动情况,解释公司净资产构成的变动原因,从而进行相关决策的过程。此外,由于所有者权益中的盈余公积和未分配利润属留存收益,是企业税后利润分配的结果。因此,所有者权益结构分析也能反映出企业的内部积累能力,间接反映企业的经营状况。

(一) 影响所有者权益变动表结构的因素

1. 影响所有者权益变动表结构的内部因素

1) 所有者权益规模。

所有者权益的变化往往会由于其规模或总量的变动而相应地变动。比如,在其他条件相对稳定时,投资者追加投资或法定收回投资或者盈余公积转增资本、送配股等,都会引起所有者权益总量或其中某个项目总量的变动,进而引起所有者权益结构的变动。

2) 利润分配政策。

企业所有者权益的内部结构受制于企业的利润分配政策。若企业某期采取高利分配政策,而盈余公积又按照法定比例提取,则未分配利润减少必然引起留存收益的比重降低;反之,采取低利润分配或暂缓分配政策,留存收益的比重必然会因此提高。

公司的利润分配是由刚性分配与弹性分配相结合的分配。公司法定盈余公积是按法定比例提取的,属于刚性分配;优先股股利是按优先股票筹资合同规定支付的,一般也属于刚性分配。企业可自主确定分配比例的只有任意盈余公积、普通股股利和未分配利润,它们属于弹性分配。利润分配政策变化分析,就是对这部分弹性分配内容变化情况的分析。

这类分析主要揭示公司对待积累或内部筹资态度的变化,该态度变化又是对公司未来实际盈利能力信心的体现。如果公司对待未来盈利能力的信心较强,会多支付普通股股利,多提取盈余公积,未分配利润减少,利润分配政策趋于激进;反之,若公司提取任意盈余公积下降,支付普通股股利下降,未分配利润上升,说明公司的利润分配政策转向保守,公司对未来盈利能力的信心不足。

3)股票分割。

股票分割是在保持原有股本总额的前提下,将每股股份分割为若干股,使股票面值降低而增加股票股数的行为。

股票分割对于中小投资者购买股票更具有吸引力,具体原因包括以下方面。

(1)股票分割可降低公司股票市场的价格,从而易于在市场上流通,有利于吸引投资者买卖公司股票。

(2)股票分割实质上是向投资者传递公司发展前景良好的信息。因为股票分割意味着公司想以较低的发行价吸引投资者购买公司的新股票,公司的股票价格有上升趋势。

(3)如果股票分割后的每股现金股利比股票分割前高,股东可获较多的利益,从而对公司的发展充满信心,并且不会随便出售手中持有的股票。这相当于是稳定公司的股票价格。

当然,如果公司认为流通中的股票价格过低,可通过反分割的方法将每股价格提高。在国际上,股票分割和反分割都会受到法律的限制。

4)企业控制权。

企业的控制权掌握在控股股东或持有一定股份的大股东手中,如果企业决定接受其他投资者的投资,就会稀释股权,分散企业的控制权。若企业现有的投资者(股东)愿意接受这种筹资方式,其结果必然引起所有者权益结构的变化。如果所有者不愿分散对企业的控制权,就会采取负债筹资的方式,这样不会影响所有者权益结构。

5)权益资本成本。

企业的权益资本成本往往要高于负债资本成本,因为所有者承担的风险要大于债权人承担的风险,所以其要求的回报也要高一些。在所有者权益的内部,投入资本的资本成本往往要高于留存收益的资本成本。因此,要降低筹资成本,应尽量利用留存收益,加大其比重,这样,综合资本成本率则会相对降低。

2. 影响所有者权益变动表结构的外部因素

企业在选择筹资渠道时,往往不因企业的意志而定,还受到经济环境、金融政策、资本市场状况等因素的制约,这些因素影响企业的筹资方式,也必然影响所有者权益结构。

(二)所有者权益变动表结构分析实务

所有者权益是企业重要的资金来源,通过对其分析,可以深入了解企业的资本结构及合理性。引起所有者权益增减变动的主要原因有增加或减少注册资本、资本公积发生增减变化、留存收益的增加减少等。通过对所有者权益构成及增减变动分析,可以进一步了解企业对负债偿还的保证程度和企业自身积累资金的能力与潜力。

名师精品 ·

Gaozhigaozhuan Kuaiji Xilie

高职高专会计系列

财务报表阅读与分析指标
（以伊利股份为例）

项目描述

通过前面5章内容的学习，我们了解和掌握了与财务报表阅读与分析相关的入门知识。接下来，我们将在此基础上，对数据进行整理和分析，从而挖掘出数据背后的逻辑和内涵。

第一节 伊利股份简介

一、伊利股份介绍

（一）经营范围

伊利股份（以下简称"伊利"）属于乳制品制造行业，主要有乳及乳制品的加工、制造与销售，旗下拥有液体乳、乳饮料、奶粉、冷冻饮品、酸奶等几大产品系列。

2017年，伊利的主营业务未发生重大变化。

（二）经营模式

伊利按照产品系列及服务划分，以事业部的形式，构建了液态奶、奶粉、冷饮、酸奶四大产品业务群。在战略统筹和专业管理下，事业部于各自业务领域内开展产、供、销运营活动。

（三）主要业绩驱动因素

近年来，伊利坚守"质量领先"战略，坚持创新，以服务和满足消费者需求为目标，积极推动整体业务持续健康增长。2017年，伊利依托全球资源体系和创新体系，通过产品创新升级和精准营销，"金典""安慕希""畅意100％""畅轻""Joy Day""金领冠""巧乐兹""甄稀"等重点产品的销售收入占比达到45.7％；以"安慕希常温酸奶新品""金领冠睿护婴幼儿配方奶粉""伊利褐色碳烧酸奶""Joy Day风味发酵乳""巧乐兹绮炫脆层冰激淋"为代表的新产品，其销售收入占比约9.2％。2017年，伊利继续夯实基础管理，推进资源整合平台建设进度，对供应链运营效率进行了持续优化，整体运营效率实现提升。

（四）行业发展阶段与周期性特点

2017年，国内经济呈现稳中向好的发展态势，全国居民人均可支配收入同比增速快于GDP增速，城乡居民间收入差距继续缩小，消费支出对经济增长的贡献逐年提高。随着居民生活水平提高，食品消费升级加快，结合"健康中国""乡村振兴"等国家战略的实施，国内乳品消费规模继续扩大，行业增速回升。近年来，受消费升级驱动，中高端乳品、健康功能型乳品及其他新包装、新口味乳品，备受消费者青睐；同时，随着便利店、电商平台、母婴店等渠道的快速发展，线上线下融合的新零售模式也在改变消费者的购物习惯。消费者对创新产品和服务的需求，促进了乳品市场的增长，市场由单纯的规模增长转变为品质和结构的升级，国内乳品行业发展进入新阶段。乳品属于大众日常消费品，行业周期性特征不明显。

（五）伊利所处的行业地位

2017年，伊利以市场回暖为契机，积极推进并落实各项经营计划，实现了业务持续健康增长。由荷兰合作银行发布的2017年度"全球乳业20强"榜单显示,伊利稳居全球乳业 8 强,继续蝉联亚洲乳业首位。在 2017 年度 BrandZ™最具价值中国品牌 100 强中,伊利蝉联食品行业第一。

(六) 股份发行与回购

伊利于 2017 年 2 月 23 日发布了《内蒙古伊利实业集团股份有限公司关于 2016 年股票期权与限制性股票登记完成的公告》,限制性股票登记数量为 14 200 000 股,本次变动前,伊利股本为 6 064 800 108 股,变动后的股本为 6 079 000 108 股。

伊利于 2017 年 9 月 11 日召开 2017 年第一次临时股东大会,审议并通过了《公司关于注销部分股票期权和回购注销部分限制性股票的议案》,并于 2017 年 11 月 16 日发布了《内蒙古伊利实业集团股份有限公司关于部分限制性股票回购注销完成的公告》,限制性股票回购注销数量为 507 500 股,本次变动前,股本为 6 079 000 108 股,变动后的股本为 6 078 492 608 股。

二、伊利股份 2017 年资产负债表

伊利股份 2017 年资产负债表如表 6.1 所示。

表 6.1

伊利股份 2017 年资产负债表①

单位:元

项　　目	期初	期末
货币资金	13 823 654 267.84	21 823 066 175.50
结算备付金		
拆出资金		
以公允价值计量且其变动计入当期损益的金融资产(20190322 弃用)		
衍生金融资产		
其中:应收票据	114 360 000.00	163 597 000.00
其中:应收账款	572 137 397.50	786 140 204.59
预付款项	558 390 402.57	1 192 434 176.04
应收保费		
应收分保账款		
应收分保合同准备金		
其中:应收利息	35 138 313.96	188 447 046.71
其中:应收股利		
其他应收款	38 931 444.07	44 661 797.11
应收关联公司款		

---

① 财务报表项目每年都有变化。教材中引用的实际案例所涉财务报表以当年格式为准。教材中相关案例数据因保留小数点后两位,使部分数据产生微小误差。

(续表)

项　　目	期初	期末
买入返售金融资产		
存货	4 325 780 867.62	4 639 993 865.79
其中:消耗性生物资产		
划分为持有待售的资产		
发放贷款及垫款——流动资产		
一年内到期的非流动资产		
交易性金融资产		
应收票据及应收账款		
合同资产		
其他流动资产	690 496 007.23	1 007 391 592.71
流动资产合计	20 158 888 700.79	29 845 731 858.45
发放贷款及垫款——非流动资产		
可供出售金融资产	612 364 316.30	651 819 595.43
持有至到期投资		
长期应收款		
长期股权投资	1 631 100 350.13	1 765 185 096.75
投资性房地产		
固定资产	13 137 462 025.67	13 256 390 281.64
在建工程	1 343 596 812.57	1 887 857 336.13
工程物资	51 897 322.77	14 208 300.58
固定资产清理		
生产性生物资产		
油气资产		
无形资产	990 882 120.87	514 361 212.49
开发支出		
商誉	10 678 610.25	10 678 610.25
长期待摊费用	143 653 075.29	69 195 040.35
递延所得税资产	518 576 452.95	559 946 094.74
债权投资		
其他债权投资		
其他权益工具投资		
其他非流动金融资产		

（续表）

项　目	期初	期末
其他非流动资产	663 173 098.15	724 981 891.33
非流动资产合计	19 103 384 184.95	19 454 623 459.69
资产总计	39 262 272 885.74	49 300 355 318.14
短期借款	150 000 000.00	7 860 000 000.00
向中央银行借款		
吸收存款及同业存放		
拆入资金		
以公允价值计量且其变动计入当期损益的金融负债(20190322弃用)		
衍生金融负债		
其中:应付票据	337 619 879.05	215 276 807.81
其中:应付账款	6 752 911 591.08	7 253 879 470.79
预收款项	3 591 668 262.20	4 125 571 142.63
卖出回购金融资产款		
应付手续费及佣金		
应付职工薪酬	2 315 174 484.06	2 603 617 352.74
应交税费	490 228 209.95	404 090 753.48
其中:应付利息	67 375.00	9 326 783.74
其中:应付股利	49 930 411.78	73 131 211.86
其他应付款	1 155 154 021.77	1 269 009 324.38
应付关联公司款		
应付分保账款		
保险合同准备金		
代理买卖证券款		
代理承销证券款		
划分为持有待售的负债		
一年内到期的非流动负债		24 191 543.48
预计负债——流动负债		
递延收益——流动负债		
交易性金融负债		
应付票据及应付账款		
合同负债		
其他流动负债	64 700 478.79	11 930 958.27
流动负债合计	14 907 454 713.68	23 850 025 349.18
长期借款	289 000.00	289 000.00

（续表）

项　目	期初	期末
应付债券		
其中：优先股——非流动负债		
永续债——非流动负债		
长期应付款		64 037 282.56
长期应付职工薪酬		
专项应付款		
预计负债		
递延收益——非流动负债	1 118 641 295.55	146 186 181.18
递延所得税负债		
其他非流动负债		
非流动负债合计	1 118 930 295.55	210 512 463.74
负债合计	16 026 385 009.23	24 060 537 812.92
实收资本（或股本）	6 064 800 108.00	6 078 492 608.00
其他权益工具		
其中：优先股——所有者权益		
永续债——所有者权益		
资本公积	2 476 360 076.55	2 765 534 558.98
减：库存股		201 690 525.00
其他综合收益	361 950 012.64	−71 393 317.81
专项储备		
盈余公积	1 885 901 799.54	2 422 653 944.48
一般风险准备		
未分配利润	12 292 754 714.15	14 109 791 931.29
外币报表折算价差		
归属于母公司所有者权益	23 081 766 710.88	25 103 389 199.94
少数股东权益	154 121 165.63	136 428 305.28
非正常经营项目收益调整		
所有者权益（或股东权益）合计	23 235 887 876.51	25 239 817 505.22
负债和所有者（或股东权益）总计	39 262 272 885.74	49 300 355 318.14

三、伊利股份 2017 年利润表

伊利股份 2017 年利润表如表 6.2 所示。

表 6.2

伊利股份 2017 年利润表　　　　　　　　单位：元

项　　目	2017 年
一、营业总收入	68 058 174 312.35
其中：营业收入	67 547 449 530.32
利息收入	510 724 782.03
已赚保费	
手续费及佣金收入	
二、营业总成本	61 877 134 479.76
其中：营业成本	42 362 402 660.65
利息支出	141 666.67
手续费及佣金支出	
退保金	
赔付支出净额	
提取保险合同准备金净额	
保单红利支出	
分保费用	
营业税金及附加	511 570 189.97
销售费用	15 521 862 502.34
管理费用	3 317 048 744.48
勘探费用	
财务费用	113 485 343.63
研发费用	
资产减值损失	50 623 372.02
加：公允价值变动净收益	
投资收益	134 679 258.02
其中：对联营企业和合营企业的投资收益	86 557 819.01
汇兑收益	
其他收入	788 013 845.50

（续表）

项　　目	2017 年
信用减值损失	
净敞口套期收益	
资产处置收益	12 178 238.41
影响营业利润的其他科目	
三、营业利润	7 115 911 174.52
加：补贴收入	
营业外收入	85 597 784.38
其中：非流动资产处置利得	
减：营业外支出	127 535 613.09
其中：非流动资产处置损失	
加：影响利润总额的其他科目	
四、利润总额	7 073 973 345.81
减：所得税	1 071 158 370.70
加：影响净利润的其他科目	
五、净利润	6 002 814 975.11
持续经营净利润	6 002 814 975.11
终止经营净利润	
归属于母公司所有者的净利润	6 000 884 926.88
少数股东损益	1 930 048.23

四、伊利股份 2017 年现金流量表

伊利股份 2017 年现金流量表如表 6.3 所示。

表 6.3

伊利股份现金流量表　　　　　　　　　　　　　　　　单位：元

项　　目	2017 年
销售商品、提供劳务收到的现金	75 699 027 500.05
客户存款和同业存放款项净增加额	
向中央银行借款净增加额	
向其他金融机构拆入资金净增加额	
收到原保险合同保费取得的现金	
收到再保险业务现金净额	

项　　目	2017 年
保户储金及投资款净增加额	
处置以公允价值计量且其变动计入当期损益的金融资产净增加额	
收取利息、手续费及佣金的现金	376 048 983.09
拆入资金净增加额	
回购业务资金净增加额	
收到的税费返还	2 058 059.70
收到其他与经营活动有关的现金	1 437 241 714.39
经营活动现金流入小计	77 514 376 257.23
购买商品、接受劳务支付的现金	57 934 739 382.10
客户贷款及垫款净增加额	
存放中央银行和同业款项净增加额	578 481 739.38
支付原保险合同赔付款项的现金	
支付利息、手续费及佣金的现金	141 666.67
支付保单红利的现金	
支付给职工以及为职工支付的现金	5 969 265 197.88
支付的各项税费	4 629 340 722.30
支付其他与经营活动有关的现金	1 396 110 369.92
经营活动现金流出小计	70 508 079 078.25
经营活动产生的现金流量净额	7 006 297 178.98
收回投资收到的现金	14 522 215.51
取得投资收益收到的现金	53 138 113.89
处置固定资产、无形资产和其他长期资产收回的现金净额	72 802 045.59
处置子公司及其他营业单位收到的现金净额	
收到其他与投资活动有关的现金	139 085 711.45
投资活动现金流入小计	279 548 086.44
购建固定资产、无形资产和其他长期资产支付的现金	3 351 359 455.32
投资支付的现金	45 000 000.00
质押贷款净增加额	
取得子公司及其他营业单位支付的现金净额	
支付其他与投资活动有关的现金	
投资活动现金流出小计	3 396 359 455.32

（续表）

项　　目	2017 年
投资活动产生的现金流量净额	−3 116 811 368.88
吸收投资收到的现金	217 686 000.00
其中:子公司吸收少数股东投资收到的现金	
取得借款收到的现金	8 460 000 000.00
发行债券收到的现金	
收到其他与筹资活动有关的现金	
筹资活动现金流入小计	8 677 686 000.00
偿还债务支付的现金	750 000 000.00
分配股利、利润或偿付利息支付的现金	3 845 428 901.98
其中:子公司支付给少数股东的股利、利润	
支付其他与筹资活动有关的现金	29 450 475.00
筹资活动现金流出小计	4 624 879 376.98
筹资活动产生的现金流量净额	4 052 806 623.02
四、汇率变动对现金的影响	−397 717 708.47
其他原因对现金的影响	
五、现金及现金等价物净增加额	7 544 574 724.65
期初现金及现金等价物余额	13 211 405 187.36
期末现金及现金等价物余额	20 755 979 912.01

第二节　企业盈利能力分析

一、分析企业盈利能力

（一）认知影响公司盈利能力的因素

盈利能力就是企业赚钱的能力。企业进入战略经营管理时代,盈利能力的分析也变得越来越重要。影响企业盈利能力的因素包括以下几个。

1. 国家政策

国家政策与企业息息相关。其中,税收政策是国家政策中为了实现一定历史时期的任务,选择确立的税收分配活动的方针和原则,它是国家进行宏观调控的主要手段。税收政策的制定与实施有利于调节社会资源的有效配置,为企业提供公平的纳税环境,能有效调整产业结构。税收政策对于企业的发展有很重要的影响,符合国家税收政策的企业能够享受税收优惠,增强企业的盈利能力；不符合国家税收政策的企业，则被要求缴纳高额的税收，从而不利于企业盈利能力的提高。国家税收政策与企业的盈利能力之间存在一定的关系，评价分析企业的盈利能力，离不开对其面临的税收政策环境的评价。

2. 经营模式

企业的经营模式就是企业赚取利润的途径和方式，是指企业将内外部资源要素通过巧妙有机的整合为企业创造价值的模式。独特的经营模式往往是企业获得超额利润的源泉，也会成为企业的核心竞争力。一个企业即使是拥有先进的技术和人才，但若没有一个较好的经营模式，也很难生存。因此，要想发现企业盈利的源泉，财务人员就必须关注该企业的经营模式，要分析企业获得盈利的深层机制，而不是简单地从企业行业特征上进行判断和分析。

3. 利润的构成

企业的利润主要有毛利、营业利润、利润总额、净利润、息税前利润。一般来说，利润总额中营业利润所占的比例较大。要考虑到引起不同利润的因素对它的影响，包括营业收入、营业成本、营业费用引起毛利、营业利润、利润总额、净利润、息税前利润的影响。

4. 资本结构

资本结构是影响企业盈利能力的另一个重要因素。企业负债经营程度的高低对企业的盈利能力有直接的影响。当企业的资产报酬率高于企业的借款利息率时，企业负债经营可以提高企业的盈利能力，否则企业负债经营会降低企业的盈利能力。有些企业只注重增加资本投入、扩大企业投资规模，而忽视了资本结构是否合理，有可能会妨碍企业利润的增长。

（二）收入利润率指标的计算与分析

企业的营业收入是企业盈利的主要来源，因此，可以设置若干以营业收入为基础的评价指标进行盈利能力分析，主要指标有营业毛利率、营业利润率、营业净利率等指标。

1. 营业毛利率

营业毛利率是指企业营业毛利润与营业收入的比率，营业毛利率是生产经营业务带来的毛利润，因此，该指标反映了企业主营业务经营成果状况，能够反映企业主要盈利能力。其计算公式为：

$$营业毛利率＝毛利÷营业收入×100\%$$

式中： 毛利＝营业收入－营业成本

营业毛利率指标反映了企业主营业务的基本盈利能力，只有较高的营业毛利率，才能保证企业能够获得较高的净利润，因此，该指标越高，说明企业盈利能力越强；反之，盈利能力越弱。同时，将营业毛利指标与营业毛利率结合分析，能够分别从相对数和绝对数两个角度分析企业的盈利能力，使分析更加全面。

同行业的营业毛利率通常是比较接近的，其出现差别则说明企业在价格制定和变动成本控制方面的情况不同,企业可以与同行业平均值或先进水平进行营业毛利率的比较,发现差异,并根据差异产生的原因进行改进,提高盈利能力。

根据 2017 年伊利的数据测算,伊利股份的毛利率为 37.3%。上述指标意味着,假设一瓶伊利牛奶的售价是 10 元,生产这瓶牛奶的成本(如:牧场采购的单价,加工生产的人工、水电、包装用的奶瓶等)平均为 6.27 元,一瓶牛奶可以赚取 3.73 元的毛利。

营业成本利润率与营业收入相关的指标还有营业成本率。营业成本率是指企业营业成本与营业收入的比率,营业成本是变动成本,将随着产品销售数量的增加而按比例增加。该指标反映了企业营业成本占营业收入的比重,从而反映企业的主要盈利能力。其计算公式为:

$$营业成本率=营业成本÷营业收入×100\%$$

营业成本率反映了企业控制营业成本的情况,该比率越低,说明企业成本控制得越好,盈利能力越强;反之,盈利能力则较弱。同行业的营业成本率也是比较接近的,如果与其他企业有所差别,应该分析其原因,看是成本控制不当,还是价格制定不当,从而采取相应的改进措施。只有营业成本率控制得当,企业才有能力承受期间费用等其他支出,保证有较高的净利润。

跟毛利率相对应,伊利公司 2017 年的营业成本率为 62.7%。

2. 营业利润率

营业利润率是指企业的营业利润与营业收入的比率。该指标扣除了变动成本和主要固定成本并加上投资收益后利润占营业收入的比率,也是评价企业盈利能力的重要指标。其计算公式为:

$$营业利润率=营业利润÷营业收入×100\%$$

与营业毛利率相比,在评价企业的盈利能力方面营业利润率更进了一步,不仅考虑了变动成本(即营业成本)和主要固定成本(即期间费用),同时也考虑了投资收益。同样,该比率越高,反映企业经营状况越好,盈利能力越强;反之,说明企业盈利能力较弱。

伊利股份的营业利润率为 10.5%,即在毛利率为 37.3% 的情况下,期间费用等开支大约花费了 26.8%,其中最主要的是销售费用,按照伊利股份 2017 年数据测算,销售费用占 23.0%,事实上,这也与乳制品行业相符(相对昂贵的冷链物流,频繁的促销活动等)。

3. 营业净利率

营业净利率是企业税后净利润与营业收入的比率,该比率反映了企业最终获得的利润占营业收入的比率,代表了企业最终的盈利能力。其计算公式为:

$$营业净利率=净利润÷营业收入×100\%$$

营业净利率越高,说明企业最终盈利能力越强;反之,则说明企业最终盈利能力越弱。该比率的分子净利润是企业最终的利润,能够用于评价企业最终获取利润的水平。该指标与税前利润率比较,可以反映出企业所得税的情况,对于不同国家、不同地区、不同行业的企业,其企业所得税的计算方法和税率也可能不同,因此,即使税前利润率相同的企业,也会由于所得税的不同而使最终的盈利能力不同。

伊利股份的营业净利率为 8.8%。

(三) 成本费用利润率指标的计算与分析

反映成本费用利润率的指标有许多形式,主要有营业成本利润率、营业费用利润率、全部成本费用利润率等。这类指标反映了企业投入产出水平,即所得与所费的比率,体现了增加利润是以降低成本及费用为基础的。这些指标的数值越高,表明生产和销售产品的每 1 元成本及费用取得的利润越多,劳动耗费的效益越高;反之,则说明每耗费 1 元成本及费用实现的利润越少,劳动耗费的效益越低。

1. 营业成本利润率

营业成本利润率是指企业营业利润与营业成本之间的比率。其计算公式为:

$$营业成本利润率=营业利润÷营业成本×100\%$$

营业成本利润率为正指标,即指标值越高越好。分析评价时,可将各指标实际值与标准值进行对比。标准值可根据分析的目的与管理要求确定。营业成本利润率是综合反映企业成本效益的重要指标。

2. 营业费用利润率

营业费用利润率是指企业营业利润与营业费用总额之间的比率。营业费用总额包括营业成本、营业税费、期间费用和资产减值损失。其计算公式为:

$$营业费用利润率=营业利润÷营业费用×100\%$$

营业费用利润率中分母的营业费用包括了企业为了获取营业利润所付出的所有成本费用,反映了企业利用成本费用资源创造基本利润的能力。该指标为正指标,越高越好。

3. 全部成本费用利润率

该指标可以分为全部成本费用总利润率和全部成本费用净利润率两种形式。

全部成本费用总利润率的计算公式为:

$$全部成本费用总利润率=利润总额÷(营业费用+营业外支出)×100\%$$

全部成本费用净利润率的计算公式为:

$$全部成本费用净利润率=净利润÷(营业费用+营业外支出)×100\%$$

全部成本费用利润率反映了企业全部投入与全部产出的水平,即所得与所费的比率,也都是正指标。对于投资者而言,当然是全部成本费用利润率越大越好。全部成本费用利润率越大,说明同样的成本费用能取得更多的利润,或者说企业取得同样的利润只需要花费更少的成本费用支出。这样,企业的盈利能力越强;反之,盈利能力较弱。

二、分析企业资产与资本经营盈利能力

企业的经营盈利能力分析主要是针对企业收入利润率及成本费用利润率的比较分析。通俗地说,就是对企业买卖结果的分析。对于投资人而言,仅仅了解企业目前是否赚钱还不够,还需要确认相同的资本投资,在哪一家企业获得的利润更多些。这就需要对企业与投资相关的盈利能力指标进行分析。这些指标主要有净资产收益率、资本金收益率、总资产报酬率等。

(一)资本经营盈利能力分析

资本经营盈利能力是指企业所有者通过投入资本经营取得利润的能力,反映资本经营盈利能力的指标主要有净资产收益率和资本金收益率。

1. 净资产收益率

净资产收益率又称股东权益报酬率、股东权益收益率或所有者权益收益率,即企业一定时期内净利润与平均净资产的比率。其计算公式为:

$$净资产收益率＝净利润÷平均净资产×100\%$$

净资产是指企业资产减去负债后的余额,包括实收资本、其他权益工具、资本公积、其他综合收益、盈余公积和未分配利润,也就是资产负债表中的所有者权益部分。平均净资产一般为年初与年末净资产(股东权益)的平均数,但是,如果要通过该指标观察分配能力,则取年度末的净资产更为恰当。

伊利股份 2017 年年度的净资产收益率公式为净利润 6 002 814 975.11÷〔(期初权益＋期末权益)÷2〕,大约为 24.8%。这个指标可以理解为,如果投入伊利 100 元,伊利 1 年能为投资者创造 24.8 元的收益,如果跟银行利息比较,这个比例显著高于银行利率。

2. 资本金收益率

净资产收益率体现的是所有者权益资本的盈利能力,而所有者权益并不都是投资者初始投资形成的,有一部分是企业历年经营留存的,还有一些是企业通过接受捐赠等方式得到的。对于投资者而言,在确认自己"拥有的资产"的盈利能力的基础上,也需要知道,自己投入的那些钱的盈利能力如何,这就需要用到资本金收益率指标。

资本金收益率是一定期间内企业的净利润与资本金的比率。所谓资本金,就是投资者初始投入的资本,在资产负债表上体现为股本或实收资本,这一指标用来衡量企业所有者投入资本赚取利润的能力。其计算公式为:

$$资本金收益率＝净利润÷平均实收资本×100\%$$

式中: 平均实收资本＝(期初实收资本＋期末实收资本)÷2

通常实收资本反映的是历史行为,例如,刚成立时的投资,而这个企业可能已经成立很多年。因此,资本金收益率使用者通常为初始股东。

伊利股份的资本金收益率为98.9%,这意味着初始投资入股伊利的股东,投资收益几乎每年翻一番。

(二) 资产经营盈利能力分析

资产经营盈利能力分析是指企业运营资产产生利润的能力,反映企业资产经营盈利能力的指标主要有总资产报酬率和总资产收益率。

1. 总资产报酬率

在分析企业总体资产的盈利能力时,还常常会用到总资产报酬率这个指标。因为有观点认为,"企业所有资金提供人都是公平的"。这种观点认为,不管是企业股东还是债权人,他们都向企业投入了资金,企业在关注他们的感受时,应该用平等的眼光,不能只考虑股东。基于这种观点,就不能用净利润来分析总资产的盈利能力了。因为,在计算净利润的时候,扣除了分配给债权人的收益——利息费用,这就使得收益不完整了。同样道理,所得税虽然是按税法强制要求上缴给国家的,但这也是企业创造的收益,只不过这部分收益作为企业对社会的贡献上缴了。在衡量企业的经营业绩时,应该考虑他们用全部资产创造的全部收益,因此,在净利润的基础上,加上利息支出和所得税费用,从而得到了息税前利润,用这一利润来衡量总资产的盈利能力指标就是总资产报酬率。

总资产报酬率,即企业一定期间的息税前利润与平均总资产之间的比率。运用资产负债表和利润表的资料,可计算总资产报酬率。其计算公式为:

$$总资产报酬率＝息税前利润÷平均总资产×100\%$$

式中:息税前利润＝税前利润＋利息支出＝净利润＋所得税＋利息支出

总资产报酬率反映了企业的基本盈利能力,因为它排除了不同资金来源方式对企业利润的影响,体现的是企业使用所拥有的全部资产获取利润的能力。

关注到伊利集团其实利息收益大于利息支出,而息税前利润额目的主要想衡量企业经营的盈利能力情况,因此,以伊利为例,息税前利润＝净利润＋所得税＋(利息支出－利息收益)＝6 563 390 230.45(元)。总资产报酬率为14.8%。

2. 总资产收益率

总资产收益率是企业一定期间内实现的收益额与该时期企业平均资产总额的比率,该指标也是用来衡量企业总体资产盈利能力的指标。其计算公式为:

$$总资产收益率＝净利润÷平均总资产×100\%$$

式中: 平均总资产＝(期初总资产＋期末总资产)÷2

影响总资产收益率的因素是企业本期净利润的多少和企业总资产的规模。净利润与该指标正相关，即净利润越高，总资产收益率就越高。而企业的资产规模与该指标负相关，即净利润一定的情况下，企业资产的规模越大，其总资产的收益率就越低。就如同粮食就这么多，吃饭的人越多，每个人能吃到的就越少是一样的道理。

总资产收益率作为衡量企业总体资产盈利能力的指标，对其分析，可以实现以下目标。

（1）该指标能够直观地衡量企业资产运用效率和资金利用效果。同一行业，甲股东投资 C 公司的收益率为 30%，此时，乙股东投资 D 公司的收益率为 40%，也就是说，甲、乙都投资 100 元的话，甲比乙少赚 10 元，说明 C 公司的资产运用效率不如 D 公司。

（2）在企业资产总额一定的情况下，通过总资产收益率指标可以分析企业盈利能力的稳定性和持久性，确定企业所面临的风险。只要不扩大生产经营规模，企业在每期期末都将利润全部分配给股东的情况下，资产总额就会保持在一个比较稳定的状态，如果此时比较企业不同期间内的总资产收益率，就能判断出企业盈利能力的稳定性。

鉴于总资产收益率和总资产报酬率的差异仅为利息费用和所得税，因此，从计算的角度，无须重复，而从指标上看，如果总资产报酬率高，而总资产收益率低，通常理解就是利率太高，税负太重，如果每个行业都这样，就需要采用宏观经济调控的手段，减税降息。

三、分析上市公司盈利能力

上市公司是指股份有限公司发行的股票上市交易，又称为公司的上市。股份公司通过上市，使其股票具有最强的流通性和变现性，便于投资者通过购买股票方式直接实现对公司的投资。对于企业来说，也能便捷地在资本市场实现增资和融资。由于上市公司成为大众投资的对象，就需要规范其财务行为，并要求其定期对外报送财务数据，做到信息公开，同时接受国家证监会和社会公众的监督，以保证广大投资者的利益不被个别不法行为所侵犯。

投资者通过购买股票的方式投资某一公司，除了要考虑行业特点外，最重要的是期望这个企业在未来一定期间内能给他们带来更多的收益。此外，投资者还要关注所投资公司的盈利能力和经营情况，以确定是否对所投资的股票长期持有，在未来分得较多的红利。因此，要对上市公司的盈利能力进行分析。

衡量上市公司盈利能力的指标主要有基本每股收益、每股净资产、市盈率、股利支付率等指标。

（一）每股收益分析

每股收益的基本含义是指每股发行在外的普通股所能分摊到的净收益

额,即普通股股东每持有一份普通股所享有的净利润或承担的净亏损。

1. 基本每股收益

基本每股收益是指归属于普通股股东的当期净利润扣除应发放的优先股股利后的余额与发行在外的普通股加权平均数之比。其计算公式为:

$$基本每股收益 = \frac{净利润 - 优先股股利}{发行在外的普通股加权平均股数}$$

由于优先股股东对股利的受领权优先于普通股股东,因此在计算普通股股东所能享有的收益额时,应将优先股股利扣除。公式分母采用加权平均股数是因为本期内发行在外的普通股股数只能在增加以后的这一段时期内产生权益,减少的普通股股数在减少以前的期间内仍产生收益,所以必须采用加权平均数,以正确反映本期内发行在外的股份份额。

伊利股份没有发行优先股,因此,基本每股收益=净利润÷发行在外的普通股加权平均股数。

(1)伊利股份于 2017 年 2 月 23 日发布了《内蒙古伊利实业集团股份有限公司关于 2016 年股票期权与限制性股票登记完成的公告》,限制性股票登记数量为 14 200 000 股,本次变动前,伊利股份股本为 6 064 800 108 股,变动后的股本为 6 079 000 108 股。

(2)伊利股份于 2017 年 9 月 11 日召开 2017 年第一次临时股东大会,审议并通过了《公司关于注销部分股票期权和回购注销部分限制性股票的议案》。伊利股份于 2017 年 11 月 16 日发布了《内蒙古伊利实业集团股份有限公司关于部分限制性股票回购注销完成的公告》,限制性股票回购注销数量为 507 500 股,本次变动前,伊利股份股本为 6 079 000 108 股,变动后的股本为 6 078 492 608 股。

6 064 800 108+14 200 000×10÷12－507 500×2÷12=6 076 548 858 股,基本每股收益为 0.99。

2. 稀释每股收益

稀释每股收益是指当企业存在潜在性稀释普通股时,应当分别调整归属于普通股股东的当期净利润和发行在外的普通股加权平均数,并据以计算稀释每股收益。

所谓稀释性潜在普通股是指假设当期转换为普通股会减少每股收益的潜在普通股如可转换公司债券、认股权证和股份期权。稀释每股收益的计算公式为:

$$稀释每股收益 = \frac{净利润 - 优先股股利}{普通股平均股数 + 约当普通股股数}$$

每股收益是衡量上市公司盈利能力最常用的财务指标,它反映普通股的盈利水平,也是衡量上市公司市场价值大小的重要指标。一般来说,每股收益越高,可用于分配给股东的每股红利也就越多,投资者从每股中取得的收益也就越多,股票价格就会随之上涨;反之,则相反。

每股收益作为评价上市公司盈利能力的核心指标,其作用主要有以下几个方面。

(1) 每股收益反映了企业的盈利能力,决定了股东的平均收益水平,每一股在本期获得的收益一目了然,便于股民选择投资哪个公司的股票。

(2) 每股收益是确定股票价值的主要参考指标。虽然股票价格受到市场资金供求、证券市场行情等多种因素的影响,但最终都要回归到企业的盈利能力,只有真正效益好的企业才会被投资者长期使用。所以,每股收益作为企业盈利状态的温度计,同时也决定了企业股价的高低。

(3) 通过对某一企业连续若干期的每股收益变动情况及其趋势进行分析,可以帮助投资者了解企业投资报酬率在较长时期的变动规律,从而确定是否需要长期持有该公司股票。

(4) 通过对同一行业不同企业间每股收益比较分析,能够帮助投资者确认自己关注的企业指标在同行业中的地位,从而在市场影响因素类似的情况下,对所有者投资企业的盈利能力作出更客观的评价。

伊利股份 2017 年度不存在潜在性稀释普通股。

根据 2016 年度的股票期权与限制性股票激励计划,伊利股份拟向激励对象授予权益总计 6 000 万份,涉及的标的股票种类为人民币 A 股普通股,约占本激励计划草案公告前一日公司总股本 6 064 800 108 股的 0.99%。本次授予为一次性授予,无预留权益。在本计划通过后,授予的股票期权自授予日起满 24 个月后可以开始行权,可行权日必须为交易日。

虽有行权计划,但 2017 年年度内,尚不得行权,不满足 24 个月的行权条件。

(二) 每股净资产分析

每股净资产又称每股账面价值或每股权益,是期末归属于普通股的净资产(即股东权益)与年度末普通股股份总数的比值。这一指标用来衡量企业每股股票所拥有的资产价值。企业每股净资产越高,股东拥有的资产价值就越多;每股净资产越低,股东所拥有的资产价值就越少。其计算公式为:

$$每股净资产 = \frac{期末股东权益总额 - 优先股权益}{期末普通股股份总数}$$

净资产是账面数,每股股数也是账面数,通常用每股净资产来衡量按照当前账面价值估计的每股价值,如果净资产没有水分(比如虽有应收账款,但应收账款收不回来,虽有存货,但存货变质等),通常每股净资产可以描述企业每股立即处置的价值。

(三) 市盈率分析

市盈率是反映普通股市场价格与当前每股收益之间的关系,即普通股每股市价相当于每股收益的倍数,反映的是投资者对于上市公司的每 1 元净利润所愿意支付的价格,可以用来判断企业股票与其他企业股票相比潜在的价

值,衡量股票的投资报酬与风险。其计算公式为:

$$市盈率(倍数)＝普通股每股市价÷普通股每股收益$$

市盈率是衡量上市公司盈利能力的重要指标。一般市盈率较高,表明市场对公司的未来看好;如果太高,则可能存在股价高估的泡沫风险。在市价确定的情况下,每股收益越高,市盈率越低,投资风险越小;反之亦然。在每股收益确定的情况下,市价越高,市盈率越高,风险越大;反之亦然。

这是个动态指标,每股收益是个期间数,在固定期间不变,而股价每时每刻均不同。通常企业接近亏损时,市盈率指标相对不适用,因为上市公司的壳也有价钱,通常,企业如果在盈利的边缘,每股收益非常低,反而可见非常高的市盈率倍数。

影响股票市盈率的因素主要有以下几个方面。

(1)上市公司盈利能力的增长性。如果一个上市公司预期未来的盈利能力将不断提高,则说明公司具有较好的成长性,虽然目前的市盈率较高,也是值得投资的,因为上市公司的市盈率会随公司盈利能力的提高而不断下降。

(2)投资者所获得报酬率的稳定性。如果上市公司经营效益良好且相对稳定,则投资者获取收益也较高且稳定,投资者就愿意持有该公司的股票,这样公司的市盈率会由于众多投资者普遍看好而提高。

(3)市盈率也受利率水平变动的影响。当市场利率水平变化时,市盈率也应相应地调整。在股票市场的实务操作中,利率与市盈率之间的关系可以用以下公式表示:

$$市盈率＝1÷1年期银行存款利率$$

(四)股利支付率分析

股利支付率是指普通股每股收益中股利所占的比重,其反映公司的股利分配政策和支付股利的能力,即普通股股东从每股的全部盈利中能分到多少。其计算公式为:

$$股利支付率＝普通股每股股利÷普通股每股收益×100\%$$

公式中的每股股利是实际发放给普通股股东的股利总额与流通股数的比值。股利支付率反映了企业的股利政策,其高低要根据企业对资金需要量的情况具体分析,没有一个固定的标准。一般情况下,市盈率越高,表明市场对企业的未来前景越看好;但同时也表明该种股票投资的风险越高。

股利支付通常不会在年报中披露,如 2017 年伊利股份的股利,通常会在2018 年度开完股东会后公告。

如内蒙古伊利实业集团股份有限公司 2017 年年度权益分派实施公告中显示,每股现金红利 0.70 元。本次利润分配方案经公司 2018 年 5 月 31 日的2017 年年度股东大会审议通过。

课后思考题：网上收集古越龙山(600059)最近一年的财务报表，进行盈利能力分析。

第三节　企业经营效率分析

一、认知营运能力

(一) 营运能力的影响因素

资产周转率指标不仅综合了各项资产的运行效率和管理效果，而且对投资报酬率有着重要的影响，当销售利润率一定时，投资报酬率的高低直接取决于资产周转率的快慢。因此，分析资产运用效率，先应弄清影响资产周转率的因素，以便更客观地评价资产运用效率，并有针对性地改善资产运用效率，加速资产周转。

一般而言，影响资产周转率的因素包括：企业所处的行业及其经营背景，企业经营周期，企业资产的构成及其质量，资产管理的力度和企业采用的财务政策等。

1. 企业所处的行业及其经营背景

不同的行业有着不同的资产占用，如制造业可能需要占用大量的原材料、在产品、产成品、机器、设备、厂房等，其资产占用量越大，资产周转相对越慢；而服务业，尤其是劳动密集型或知识型的服务业，企业除了人力资源，几乎少有其他资产。而按照当前的会计制度，人力资源未作资产处理，因此，这类行业的总资产占用非常少，其资产周转相对就较快。企业的经营背景不同，其资产周转也会呈现不同趋势。越落后、传统的经营和管理，其资产周转可能越慢；相反，在现代化经营和管理背景下，各种先进的技术手段和理念的运用，如IT行业，可有效地提高资产运用效率，加速资产周转率。

2. 企业经营周期

经营周期又称营业周期，是指从取得存货开始到销售存货并收回现金为止的时期。如上所述，营业周期的长短可以通过应收账款周转天数和存货周转天数反映出来，因此，可由应收账款周转天数和存货周转天数之和简化计算营业周期。营业周期长短对企业资产周转率也有重要影响，营业周期越短，资产的流动性相对越强，在同样时期内实现的销售次数越多，销售收入的积累额相对越大，资产周转相对越快；反之亦然。

3. 企业资产的构成及其质量

资产按照变现和流动性分为流动资产和非流动资产两类。流动资产是指在1年或超过1年的一个营业周期内变现或耗用的资产。非流动资产是指在超过1年的或超过一个营业周期内变现或耗用的资产。当企业的非流动资产占用过多或出现有问题资产、资产质量不高时，就会产生资金积压，资产流动

名师精品·高职高专会计系列 Gaozhigaozhuan Kuaiji Xilie

性低下现象,以致营运资本不足。另外,流动资产的数量和质量通常决定着企业变现能力的强弱,而非流动资产的数量和质量则通常决定着企业的生产经营能力。非流动资产只有伴随着产品的销售才能形成销售收入。在资产总量一定的情况下,非流动资产所占的比重越大,企业所实现的周转价值越小,资产的周转速度也就越慢;反之,则越快。

4. 资产管理的力度和企业采用的财务政策

资产管理力度不同,会有较大的资产构成和资产质量差异,如上所述,它会导致不同的资产周转率。资产管理力度越大,拥有越合理的资产结构和越优越的资产质量,资产周转率越快;反之,则越慢。企业所采用的财务政策决定着企业资产的账面占用总额,如折旧政策决定固定资产的账面净值,信用政策决定应收账款的占用量等,因此,它自然也会影响资产周转率。当企业的其他资产不变时,采用快速折旧政策可减少固定资产账面净额,从而提高资产周转率。信用政策的影响则是越是宽松的信用政策,导致应收账款的占用就越多,尤其是当它对销售的促进作用减弱时,资产的周转速度就越慢。

总之,资产周转率受诸多因素的影响,通常对这些因素进行分析和了解。一方面不同行业、不同经营性质和经营背景的企业,其资产周转率不能比较,或者说比较的意义很小。即使在同行业、同类型企业之间进行比较,也应注意它们在资产构成、财务政策等方面是否存在差异,如果有差异,则应将其影响剔除后方能得到较客观的比较结论。另一方面加大资产的管理力度、合理安排资产结构、提高资产的质量、选择有利的财务政策,可以提高资产管理效率,加速资产周转。

(二) 认知营运能力分析的内容

营运能力是指企业基于外部市场环境的约束,通过内部人力资源和生产资料的配置组合而对财务目标所产生作用的大小。

企业的营运过程实质上是资产的转换过程,由于流动资产和固定资产的性质和特点不同,决定了它们在这一过程中的作用也不同。企业经营成果的取得主要依靠流动资产的形态转换。尽管固定资产的整体实物形态都处在企业营运过程之中,但从价值形态上讲,只有相当于折旧的那部分资金参与了企业当期的营运,它的价值实现(或者说是价值回收)才能依赖于流动资产的价值实现。一旦流动资产的价值实现或者说形态转换出现问题,不仅固定资产价值不能实现,企业所有的经营活动都会受到影响,因此可以说,流动资产营运能力分析是企业营运能力分析最重要的组成部分。企业流动资产营运能力分析主要是对企业应收账款的营运能力、存货的营运能力及流动资产的综合营运能力进行分析。

企业拥有或控制的生产资料表现为对各项资产的占用。因此,生产资料的营运能力实际上就是企业的总资产及其各个组成要素的营运能力。资产营运能力的强弱取决于资产的周转速度、资产运行状况、资产管理水平等多种因素。例如,资产的周转速度,一般来说,周转速度越快,资产的使用效率越高,则资产营运能力就越强;反之,营运能力就越弱。资产周转速度通常用周转率和周转天数(周转期)来表示。所谓周转率就是企业在一定时期内资产的周转额与平均资产余额的比率,它反映了企业资产在一定时期的周转次数。周转次数越多,表明周转速度就越快。这一指标的反指标是周转天数,它是周转率的倒数与计算期天数的乘积,反映了资产周转一次所需要的时间。周转的天数越少,表明周转的速度越快,资产营运能力越强。两者的计算公式分别为:

$$周转率(周转次数) = 周转额 \div 资产平均余额$$

式中:　　资产平均余额 = (期初资产余额 + 期末资产余额) \div 2

周转天数 = 计算期天数 \div 资产周转率

二、流动资产营运能力分析

(一) 应收账款营运能力分析

应收账款是指企业因销售商品、提供劳务等经营活动应收取的款项。企业通过应收账款为顾客提供资金上的便利,从而扩大企业的销售规模,提高企业产品的市场占有率。

应收账款在流动资产中占有举足轻重的地位。及时收回应收账款不仅能增强企业的偿债能力,也反映出企业管理应收账款的效率,有利于对企业现有信用政策进行评价并加以完善,同时还可以指示企业是否存在利用应收账款操纵利润的行为。

反映应收账款周转速度的指标主要有两个:一是应收账款周转率,又称应收账款周转次数,是指一段时间内企业从产生应收账款到收回货币资金的周转次数;二是应收账款周转天数又称平均收现期,是指企业从取得应收账款到收回款项所需要的时间。应收账款周转率的计算公式为:

$$应收账款周转率(次数) = 赊销收入净额 \div 平均应收账款$$

式中:赊销收入净额指扣除销售折让和折扣后的销售净额。

应收账款包括会计报表中的"应收账款"和"应收票据"等全部赊销账款在内。应收账款应为未扣除坏账准备的金额。

一般来说,应收账款周转率越高,平均收现期越短,说明应收账款周转越快,应收账款实现速度越快;同时,说明资产流动性强,短期偿债能力强。否则,过多的营运资金被应收账款占用会影响企业资金正常的周转,机会成本、坏账损失和收账费用也会增加。此外,通过应收账款账龄指标与原定的赊销期限进行对比,还可以评价购买单位的信用程度,以及企业原定的信用条件是否恰当。

反映应收账款周转速度的另一个指标是应收账款周转天数,又称应收账款账龄或应收账款平均收账期。其计算公式为：

$$应收账款周转天数＝计算期天数÷应收账款周转率$$

其中,计算期天数取决于实际计算期的长短,通常为1年,按360天计算。

在具体使用应收账款周转率指标进行分析时应该注意的问题有以下几个方面。

(1)应收账款周转率反映企业应收账款的变现速度和管理效率。应收账款是流动资产的重要组成部分,在流动资产中具有举足轻重的作用。应收账款周转快,说明企业资产流动性强,短期偿债能力也强,并在一定程度上可以弥补流动比率低而给债权人造成的不良印象;同时,提高这一比率可以降低坏账发生的可能性,为企业安全收款提供保障。但是,这并不意味着比率越高越好。如果应收账款周转次数过高,可能是由于企业的信用政策、付款条件过于苛刻所致,这样会限制企业销售量的扩大,从而会影响企业的盈利水平。

(2)评价企业应收账款周转情况的好坏,应当结合企业所售商品的种类、各地商业往来惯例、企业信用政策以及行业平均水平进行综合考虑,确定合理的评价标准,作出正确的判断。

(3)应收账款周转天数也可作为制定信用政策、评价收账效率的重要依据。

(4)从严格意义上来说,应收票据应该包括在上述比率的计算之中。若是这样考虑,那么所算得的比率应称为应收款项周转率和应收款项周转天数。

以伊利股份2017年计算,伊利股份平均应收账款及应收票据8.18亿元,而销售收入675亿元,可以判断,一年可以收款大约为83次(675÷8.18),也就是大概4~5天可以收款一次,每次约8亿元。

结合牛奶的保质期通常比较短,大多数也就5天左右,因此,从数据上判断,伊利基本上采取的是发货后立即收款的方式。

(二)存货营运能力分析

存货是指企业在正常生产经营过程中持有以备出售的产成品或商品,或者为了出售仍然处在生产过程中的在产品,或者将在生产过程或提供劳务过程中耗用的材料、物料等。存货在企业流动资产中占有非常重要的地位。

存货的存在可以防止企业停工待料导致的损失;当市场需求突然增加时,存货的存在能够使企业适应市场变化;当供应方给予商业折扣时,大批进货会降低企业的进货成本,这也会产生存货。但同时存货的增加必然要占用更多的资金,将使企业付出更多的存货持有成本(或称为机会成本),而且存货的储存成本与管理费用也会增加,影响企业的盈利性。所以,企业对存货进行管理时,应该在保证企业不缺货的情况下,加快存货的周转速度。

反映企业存货周转速度的指标主要有两个:存货周转率和存货周转天数。存货周转率是衡量和评价企业购入存货、投入生产、销售收回等各环节管理状

况的综合性指标,它是营业成本与平均存货的比值。其计算公式为:

$$存货周转率(次数)=营业成本÷平均存货$$

式中:

$$平均存货=(期初存货+期末存货)÷2$$

存货周转率指标的好坏反映企业存货管理水平,它不仅影响企业的短期偿债能力,也是整个企业管理的重要内容。一般来讲,存货周转率越高,存货周转速度越快,存货占用水平越低,流动性越强,存货转换为应收账款或现金的速度越快。提高存货周转率可以提高企业的变现能力,而存货周转速度越慢则变现能力越差。企业要扩大产品销售数量,增强销售能力,就必须在原材料购进、生产过程中的投入、产品的销售、现金的收回等方面做到协调和衔接。因此,存货周转率不仅可以反映企业的销售能力,而且还能用于衡量企业生产经营中各方面运用和管理存货的工作水平。

此外,存货周转率还可以衡量存货的存储是否适当,是否能保证生产不间断地进行和产品有秩序的销售。存货既不能存储过少,造成生产中断或销售紧张,又不能储存过多,形成呆滞、积压。同时,存货周转率也反映存货结构合理与质量合格状况。因为只有结构合理才能保证生产和销售正常顺利进行。只有质量合格,才能有效地流动,从而达到盈利的目的。

当企业存货周转率偏低时,可能是由于以下原因引起的:①经营不善,产品滞销;②预测存货将升值而故意囤积居奇,以等待时机获取更多的利润;③企业销售政策发生变化。而当企业存货周转率较高时,也要一分为二地分析:一方面企业确实对存货管理得很好,通过缩短存货的生产周期以及加快存货的销售,提高存货的变现速度;另一方面指标过高可能意味着企业存货不足,产品脱销,也可能反映企业生产规模太小,达不到规模效应对存货的数量要求。所以,信息使用者在分析企业的存货周转率时,应结合企业的行业背景、企业的销售政策以及企业的生产规模等进行分析。同时,一个适度的存货周转速度也应该参考企业的历史水平和同行业的平均水平。

存货周转指标另一种表示方式是存货周转天数。所谓存货周转天数是指企业的存货周转一次需要的天数。该指标反映企业存货的变现速度。其计算公式为:

$$存货周转天数(天)=计算期天数÷存货周转次数$$

其中,计算期天数取决于实际计算期的长短,通常为1年,按360天计算。

营业周期是指从取得存货开始到销售存货并收回现金为止的这段时间。其计算公式为:

$$营业周期=存货周转天数+应收账款周转天数$$

营业周期越短,说明资金周转速度越快;营业周期越长,说明资金周转速度越慢。

在运用该指标进行分析时还需注意的问题有以下几个方面。

（1）存货周转率提高，存货占用水平越低，则存货积压的风险就越小，企业的变现能力以及资金使用效率也就越高。但是存货周转率过高，也可能说明企业管理方面存在其他问题，如存货水平太低，甚至经常缺货，或者采购次数过于频繁，批量太小等。因此，合理的存货周转率要视产业特征、市场行情及企业自身特点而定。

（2）存货周转率也是一个与变现能力有关的指标。存货能否变现及变现速度直接影响着企业的短期偿债能力的高低。

（3）由于对存货的计价处理存在着不同的会计方法，因此与其他企业进行比较时，应考虑到会计处理方法不同而产生的影响。

（4）存货周转率分析的目的是从不同的角度和环节上找出存货管理中的问题，通过对存货的结构以及影响存货周转速度的重要项目进行分析，力求改进管理，使存货管理在保证经营连续性的同时，尽可能地少占用经营资金，提高资金的使用效率，促进整个企业管理水平的提高。

以伊利股份为例，伊利股份平均存货 44 亿元，结合其成本约 424 亿元，存货周转次数为 424÷44，约为 9.6 次，1 年按照 360 天计算，大约为 360÷9.6，大约 38 天所有存货清空一次。考虑到奶制品本来的保质期就短，38 天的周转天数显然意味着管理上存在改善的空间。目前我们仅拿着财务报表分析，如果深入其生产过程，就可以得到 38 天的构成，进而深入分析，改善经营。比如，牧场运输需要 2 天（在途物资），鲜奶检验需要 1 天（原材料），加工（在制品）需要 3 天，包装（半成品）需要 2 天，仓库里等待发货需要 3 天（产成品）等。

结合伊利股份的收款天数及存货周转天数，我们可以初步得到结论，伊利股份从牧场买来牛奶到卖出产品收到资金大约需要花费 38＋5，约 43 天。

（三）流动资产营运能力分析

流动资产营运能力的大小主要体现为流动资产的周转速度，可以分别以流动资产周转率和流动资产周转期来表示。流动资产周转率（次数）指企业一定时期内营业收入同平均流动资产总额的比率，即企业流动资产在一定时期内（通常为 1 年）周转的次数，它是评价企业资产利用率的一个重要指标。其计算公式为：

$$流动资产周转率（次数）＝营业收入÷平均流动资产$$

式中：　　　平均流动资产＝（期初流动资产＋期末流动资产）÷2

流动资产周转速度也可以用流动资产周转天数来反映，它表示流动资产周转一次需要的时间，因而更能直观地说明企业流动资产的周转速度。其计算公式为：

$$流动资产周转期（天数）＝计算期天数÷流动资产周转率$$

其中，计算期天数取决于实际计算期的长短，通常为 1 年，按 360 天计算。

流动资产周转率反映了企业流动资产的周转速度,是从企业全部资产中流动性最强的流动资产角度对企业资产的利用效率进行分析,以进一步揭示影响企业资产质量的主要因素。要实现该指标的良性变动,应以主营业务收入增幅高于流动资产增幅作保证。

通过对该指标对比分析,可以促使企业加强内部管理,充分有效地利用流动资产,如降低成本,调动暂时闲置的货币资金用于短期投资创造收益等,还可以促进企业采取措施扩大销售,提高流动资产的综合使用效率。而生产经营任何一个环节的工作得到改善,都会反映到周转天数的缩短上来。

按次数表示的流动资产周转率更能直接地反映生产经营状况的改善,便于比较不同时期的流动资产周转率,所以应用较为普遍。一般情况下,该指标越高,表明企业流动资产周转速度越快,利用越好。在较快的周转速度下,流动资产会相对节约,相当于流动资产投入的增加,在一定程度上增强了企业的盈利能力;而周转速度慢,则需要补充流动资金参加周转,会形成资金浪费,降低企业盈利能力。

伊利股份流动资产平均 250 亿元,流动次数 2.7 次,流动天数 133 天。

三、固定资产营运能力分析

(一)固定资产周转率分析

固定资产营运能力一般通过固定资产周转率反映,固定资产周转率反映了固定资产的周转状况,可以提高固定资产的运用效率。固定资产周转速度也有两种表示方式:一是固定资产周转率(次数);二是固定资产周转天数。固定资产周转率是指企业的营业收入与固定资产平均占用额的比率,即企业一定时期(通常是 1 年)内固定资产的周转次数。该比率是反映固定资产的周转情况,衡量企业利用固定资产获得营业收入的相对效率的一项指标。其计算公式为:

$$固定资产周转率(次数)=营业收入÷平均固定资产净额$$

式中:平均固定资产净额=(期初固定资产净额+期末固定资产净额)÷2

(二)固定资产周转天数

固定资产周转天数是一定时期内计算期天数与固定资产周转率的比。其计算公式为:

$$固定资产周转天数=计算期天数÷固定资产周转率$$

在计算固定资产周转率时,对外进行比较一般用固定资产原值,以剔除由于选用折旧方法的不同而带来的指标不可比问题。企业自身前后期的比较可选用固定资产净值计算。

固定资产周转率与周转天数都是反映固定资产利用效率的指标。固定资产周转率越高,周转天数越少,表明单位固定资产创造的营业收入越多,固定资产的利用效率越高,同时也表明企业固定资产投资规模适当,结构合理,能够充分发挥效率;反之,则表明固定资产使用效率不高,提供的生产成果不多,营运能力不强。由于固定资产不同于流动资产,其投资是一次投入,多次收回。因此,固定资产的周转速度会明显地慢于流动资产。

伊利股份 2017 年平均固定资产 132 亿元,周转次数=收入 675 亿元÷平均固定资产 132 亿元=5.11 次,周转天数为 70 天。之所以伊利股份的固定资产周转速率还高于流动资产周转速率,是因为伊利真的不缺钱,年末在账上放着 210 多亿元的资金,因此也间接验证了利息支出小于利息收入的利润表。

四、总资产营运能力分析

总资产周转率的表示方式有两种:一是总资产周转率(总资产周转次数);二是以时间形式表示的总资产周转天数。

(一)总资产周转率

总资产周转率的计算公式为:

$$总资产周转率(次数)=营业收入÷总资产平均余额$$

式中:　　总资产平均余额=(期初总资产余额+期末总资产余额)÷2

(二)总资产周转天数

总资产周转天数的计算公式为:

$$总资产周转天数=计算期天数÷总资产周转率$$

公式中"计算期天数"应和总资产周转率的"营业收入"的时期相对应。如果"营业收入"是年收入,那么"计算期天数"就是 360 天;如果"营业收入"是半年收入,那么"计算期天数"就是 180 天,依次类推。

总资产周转率是考察企业资产运营效率的一项重要指标,体现了企业经营期间全部资产从投入至产出的流转速度,反映了企业全部资产的管理质量和利用效率。该指标常与本企业历史数据比较,或者与同行业数据比较。该指标的对比分析可以反映企业本年度以及以前年度总资产的运营效率和变化,显示企业与同类企业在资产利用上的差距,促进企业挖掘潜力、积极创收、提高产品市场占有率、提高资产利用效率。

一般情况下,该数值越高,表明企业总资产周转的次数越多,周转速度越快,企业的销售能力越强,资产利用效率越高。总资产周转天数反映企业总资产从投入至产出所需要的天数,需要的时间越短,说明企业对资产运营效率越强;反之亦然。

伊利股份 2017 年平均总资产为 443 亿元,周转次数为 1.5 次。伊利股份并没有把账上的 218 亿元左右的资金用于投资,初步判断是因为市场规模相对固定,目前产能尚未用足,而乳制品的新品研发也有限,因此总资产周转率相对较低。

课后思考题：网上收集雅戈尔（600177）最近一年的财务报表，进行营运能力分析。

第四节　企业偿债能力分析

一、分析企业短期偿债能力

偿债能力是指企业偿还各种债务的能力。偿债能力是企业经营者、投资人、债权人都十分关心的重要问题。偿债能力分析包括短期偿债能力分析和长期偿债能力分析两个方面的内容。

短期偿债能力一般被称为企业的支付能力，主要是通过流动资产的变现来偿还到期的短期债务。短期偿债能力的高低对企业的生产经营活动和财务状况有重要影响，一个企业即使拥有良好的营运能力和盈利能力，但一旦短期偿债能力不强，就会因为资金周转困难影响正常的生产经营，降低企业的盈利能力，严重时会出现债务危机甚至导致企业破产。

（一）影响短期偿债能力的因素

从短期偿债能力对企业的影响可以看出，企业必须十分重视短期偿债能力的分析和研究。影响企业短期偿债能力的因素总体来说包括内部因素和外部因素，内部因素主要包括企业自身经营业绩、资金结构、资产结构、融资能力等方面；外部因素是指与企业所处经济环境相关的因素，如经济形势、证券市场的发育情况、银行的信贷政策等因素。

1. 影响短期偿债能力的内部因素

1）企业的资产结构，特别是流动资产的结构。

在企业的资产结构中，如果流动资产所占的比重大，则企业的短期偿债能力相对大些，因为流动负债一般要通过流动资产变现来偿还。如果流动资产所占的比重较高，但其内部结构不合理，企业的实际偿债能力也会受到影响。比如，企业的流动资产中存货比重较大，由于存货的变现速度一般低于其他流动资产，所以其偿债能力也会减弱。

2）流动负债的结构。

企业的流动负债有些是必须用现金来偿付的，如短期借款、应付账款等；有些则可以用产品或劳务来偿还，如预收账款等。需要用现金偿还的流动负债对流动资产流动性的要求更高，企业只有拥有了足够的现金才能保证其清偿能力。此外，流动负债中各种负债的偿还期限是否集中，也会对偿债能力产生影响。

3）企业融资能力。

有时候仅仅通过偿债能力指标，还不足以判断企业的实际偿债能力。有些企业各种偿债能力指标都很好,但却不能按期偿付到期债务;而另一些企业,因为有较强的融资能力,随时能够从银行等金融机构筹集到大量资金,即使偿债能力指标不高,却能按期偿付其债务本息。因此,融资能力也是影响偿债能力的重要因素。

4)企业经营现金流量水平。

企业的短期债务多数是用现金来偿付的,因此,现金流量是决定企业短期偿债能力的重要因素。企业现金流量状况主要受企业的经营状况和融资能力两方面影响,如果没有充足的现金流量,即使是盈利企业也可能因无法及时偿还到期债务而产生信用危机,甚至是破产。

2. 影响短期偿债能力的外部因素

1)宏观经济形势。

当国家经济持续稳定增长时,社会的有效需求也会随之稳定增长,产品畅销。由于市场条件良好,企业的产品和存货可以较容易地通过销售转化为货币资金,从而提高企业短期偿债能力;反之,国民经济处于迟滞阶段,消费者购买力不足,就会使企业产品积压,企业资金周转不灵,企业间相互拖欠形成"三角债",企业的偿债能力也会受到影响。

2)证券市场的完善程度。

在企业流动资产中,会包括一些有价证券,在分析企业短期偿债能力时,是把有价证券视同等量现金的。实际上,这样计算的偿债能力与企业实际偿债能力是有区别的。因为如果证券市场发达,企业就随时可以将手中的短期证券出售转换为现金;而如果证券市场不发达,企业转让有价证券就很困难,或不得已将短期证券以较低的价格出售。这就会对企业的短期偿债能力产生影响。

3)银行信贷政策。

国家为保证国民经济的正常运转,就会利用金融、税收等宏观经济政策调整产业结构与经济发展速度。一个企业的产品是国民经济急需的,发展方向是属于国家政策鼓励的,就较为容易地从银行取得借款,其偿债能力也会提高。

(二)短期偿债能力静态指标计算与分析

短期偿债能力的静态分析主要是根据资产负债表的资料,分析流动资产类项目对流动负债项目偿还的保障程度。

1. 营运资本分析

营运资本是流动资产总额减去流动负债总额的差额。营运资本表示的是偿还流动负债之后还剩下的部分,营运资本越多,证明企业越有能力偿还短期债务。其计算公式为:

$$营运资本＝流动资产－流动负债$$

如果流动资产高于流动负债,即营运资本大于零,表示企业有一定的短期偿付能力。该指标越高,表示企业可用于偿还流动负债的资金越充足,企业的短期偿付能力越强,企业面临的短期流动性风险越小,债权人安全程度较高。但不能说越大越好,因为营运资本过大,说明企业闲置资金过多,既未用于投资,也未用于偿还债务。因此,可以将营运资本作为评价企业短期偿债能力的绝对数指标。对营运资本进行分析,可以从静态上评价企业当期的偿债能力状况,也可以结合企业规模等因素,评价企业不同时期的偿债能力的变动情况。

伊利股份 2017 年年末流动资产为 298 亿元,流动负债为 239 亿元,因此,初步判断上述流动资产可以较为容易偿还流动负债。

2. 流动比率分析

流动比率是流动资产与流动负债的比率。它表明每 1 元流动债务有多少流动资产作为偿还的保证,反映企业有多少流动资产可以在短期内转化为现金对到期的流动负债进行偿还的能力。其计算公式为:

$$流动比率＝流动资产÷流动负债$$

通常认为,流动比率越高,企业的短期偿还能力就越好。因为这个时候,企业有更多的营运资金,可以用来抵偿到期债务,这样债权人到期收不到账款的可能性就会大大缩小。一般人认为,流动比率为 2∶1 比较合适,在这种情况下,每 1 元短期债务就能有 2 元的流动资产与之相对应,不仅能够满足企业日常的经营所需,还能够比较轻松地偿还到期的债务。如果这个比率过低,分析者普遍认为企业就没有足够的能力来偿还到期债务;比率过高,分析者又会认为企业的流动资金占用过多,企业资金使用效率低下,盈利能力受到影响。

流动比率过高的原因主要有以下三个:①对资金未能有效运用,即流动资产过多;②赊销过多,即流动资产中有大量的应收账款,自有资金被别人占用,相当于自己家的牛在别人家的牛棚里产奶;③销售不力,存货积压,即流动资产中存货过多。

分析流动比率应注意的问题有以下几个方面。

(1)流动比率并不一定能反映企业短期偿债能力的强弱,还需要考虑流动资产的组成。比如,流动资产中存货、应收账款等资产不能立即用来偿还短期债务,流动比率本身并不反映企业的资产结构。

(2)从短期债权人角度,希望流动比率越高越好。但从企业经营者角度,过高的流动比率意味着企业闲置现金持有过多,必然导致企业机会成本的增加和获利能力的下降。这主要是协调流动性与盈利性矛盾的过程,企业应尽可能将流动比率维持在不使货币资金闲置的水平。

(3)流动比率的经验数据不能推而广之。不同行业、不同企业、不同时期、不同规模的评价标准应进行调整。不能用统一的标准来评价流动比率合适与否。

伊利股份的流动比率为 1.25。

3. 速动比率分析

由于流动比率有时并不能很好地衡量企业的偿债能力。例如,并不是所有的流动资产都具有很好的变现能力,能够在短时间内转换成现金,偿还到期债务,这时候人们通常使用另一个衡量企业偿还能力的指标,即速动比率。

速动比率是指企业速动资产与流动负债的比率。速动资产是指流动资产扣除存货、预付款项、1 年内到期的非流动资产和其他流动资产等后的差额,包括货币资金、交易性金融资产和各种应收款项等。之所以要扣除存货等非速动资产是因为:①存货必须经过出售和款项回收才能回收资金,其变现能力相对较差,部分存货可能因为销售困难等原因损失报废未作处理,不能用于偿债;②1 年内到期的非流动资产和其他流动资产具有偶然性,不能代表企业正常的变现能力。速动比率的计算公式为:

$$速动比率=速动资产÷流动负债$$

速动资产主要指可偿债资产,用速动比率衡量企业的短期偿债能力更加准确。一般认为,速动比率控制在 1∶1 会比较合适,它表明企业每 1 元的流动负债都有 1 元能够迅速变现的资产与之相对应,偿还能力较好,又不会过多地占用资金,影响企业的获利能力。但是,这仅是一般的看法,没有统一的标准,行业不同,速动比率会有很大的差别。例如,采用大量现金销售的商店,几乎没有应收账款,小于 1 的速动比率则是比较合理的;相反,一些应收账款较多的公司,速动比率可能要大于 1 才会被认为是合理的。

对公司短期偿债能力的分析,应将速动比率与流动比率结合起来评价。当速动比率较高,流动比率较低时,公司的短期偿债能力仍然较强;反之,当速动比率较低,而流动比率较高时,关键要看存货的变现能力,如果存货的变现能力较强,其短期的偿债能力也不弱;只有两个比率都较低,且大大低于标准时,才表现出公司短期偿债能力弱。

但是,流动比率分析应警惕陷阱。假设在销售毛利率不为 0 的情况下,对 ABC 公司进行短期偿债能力分析。相关数据为:流动比率=0.76,销售毛利率=47%,存货÷流动资产×100%=55%,是否可以根据 ABC 公司流动比率低于 1 断定该公司的短期偿债能力有问题呢? 正常情况下,流动负债是用企业的现金来偿还的,而不是用流动资产。但是由于存货的存在,1 元的流动资产变现后会得到超过 1 元的现金。财务分析中通常使用的流动比率分析公式,分子是流动资产,使用流动资产变现更接近于现实,毕竟企业不是直接用流动资产偿付流动负债的,而是用流动资产变现。考虑到这个影响因素,流动比率公式的分子就应该由原来的流动资产变为非存货流动资产变现与存货变现之和。ABC 公司的流动比率=0.76×(1−55%)+0.76×55%×1.89=1.132 02。计算结果表明,公司 1 元的流动资产,经过变现,可以偿还 1.132 02

元的流动负债,企业短期偿债能力和流动性并没有问题,这样计算流动比率更加真实、可靠。

在流动资产中,存货占据了相当一部分比例,因此流动比率的高低必然受存货数量多少的影响。当流动负债为一定量时,在其他流动资产变化较小的情况下,存货数量越多,流动比率越高,而流动比率高并不能绝对说明公司偿还短期债务能力越强。这是因为在计算流动比率时,所运用的流动资产指标包含了全部存货,由于存货受市场供求影响最大,市场中一些不确定因素很难把握,必然会形成一些采购、生产的商品长期积压,这些商品变现的希望非常小,大都只能降价出售,或是以非常低的价格与其他企业进行资产置换,即便不考虑通货膨胀因素,这些存货变现后的价值也根本无力再重新购置同样的存货。还有一些存货根本不具备变现能力,这些商品只能作为废品处理。公司管理者在分析流动比率时,可以按照存货变现时间的长短将存货划分为短期存货、中期存货及长期存货。变现时间在 1 年以下的为短期存货,变现时间在 1 年以上 3 年以下的为中期存货,长期存货应属于公司不良资产。在计算流动比率时要将不良资产从流动资产中剔除。要用具备一定增值能力并能够为公司发展作出贡献的经营资产作为流动资产,这样计算出的流动比率具有一定的说服力。

伊利股份的速动资产公式为:

$$速动资产＝流动资产－存货－预付账款－待摊费用$$

或:

$$速动资产＝货币资金＋交易性金融资产＋应收账款＋应收票据＋其他应收款$$

伊利股份 2017 年年末速动资产为 228 亿元,速动比率为 0.95。

4. 现金比率分析

现金比率是指企业现金类资产与流动负债的比率。其中,现金类资产是指速动资产中,流动性最强、可直接用于偿债的资产,包括企业所有的货币资金和现金等价物,如易于变现的有价证券。虽然流动比率、速动比率能够反映资产的流动性或偿债能力,但这种反映具有一定的局限性,因为真正能用于偿还短期债务的是现金,有利润的年份不一定有足够的现金来偿还债务,所以利用现金和流动债务之比可以更好地反映偿债能力的强弱。现金比率的计算公式为:

$$现金比率＝现金÷流动负债＝(货币资金＋交易性金融资产)÷流动负债$$

利用该指标评价公司偿债能力将更为谨慎,衡量了企业直接偿付流动负债的能力,是最严格、最稳健的偿债指标,反映了企业在最坏情况下的偿债能力。经研究表明,0.2 的现金比率就可以接受。一般该比率越大,说明公司现金流动性越好,短期偿债能力越强。而从公司资金的合理使用角度来看,比率过高意味着公司拥有闲置资金过多,资金使用效率差。因此,公司应根据行业实际情况确定最佳比率。债权人也不应过分看重该比率,因为企业不可能一直保持足够还债的现金资产,如果是这样,企业就没有短期借款的必要。

伊利股份 2017 年末货币资金 218 亿元,没有交易性金融资产,因此现金比率为 0.91。

(三) 短期偿债能力动态指标计算与分析

短期偿债能力动态指标主要运用现金流量表和其他有关资料进行动态分析。

1. 现金流量比率分析

现金流量比率是指企业经营活动现金流量净额与流动负债的比率,用来衡量企业流动负债用经营活动所产生现金来支付的程度,是流动比率、速动比率的延伸。其计算公式为:

$$现金流量比率 = 经营活动现金流量净额 \div 流动负债$$

经营活动现金流量净额的大小反映出企业某一会计期间生产经营活动产生现金的能力,是企业偿还到期债务的基本资金来源。当该指标等于或大于 1 时,表示企业有足够的能力以生产经营活动产生的现金来偿还短期债务,表明企业偿债的时效性强;当该指标小于 1 时,表示企业生产经营活动产生的现金不足以偿还到期债务,必须采取对外筹资或出售资产才能偿还债务。

伊利股份 2017 年经营活动现金流量净额为 70 亿元,现金流量比率为 0.29。

2. 速动资产够用天数分析

在财务报告分析中,除了以流动负债作为基础外,还可以以经营开支水平说明企业的短期偿债能力,通常用速动资产够用天数来表示企业速动资产维持企业正常经营开支水平的程度,该指标可以作为速动比率的补充指标。其计算公式为:

$$速动资产够用天数 = 速动资产 \div 预计每天营业所需现金支出$$

从该指标的计算公式可以看出,如果速动资产较多,而每天营业所需现金开支较少,速动资产够用天数就多;反之,速动资产够用天数就少。企业速动资产够用天数少表明企业偿债能力较低。

3. 流动负债偿还期分析

流动负债偿还期是以流动负债除以经营活动现金流量净额的比率。这一指标表明如果用经营活动产生的现金流量净额来偿还企业流动负债需要几年的时间。其计算公式为:

$$流动负债偿还期 = 流动负债 \div 经营活动现金流量净额$$

流动负债偿还期是一个逆指标,偿还期越短,说明企业的财务风险越小,偿债能力越强;反之,则说明企业的财务风险越大,偿债能力越弱。企业的债务主要是以经营活动产生的现金流量来偿还,以筹资活动产生的现金流量偿还只是应急之策,不是根本之道。

4. 影响短期偿债能力的表外因素

(1) 能提高公司短期偿债能力的因素主要有:①公司可动用的银行贷款指标。银行已同意但公司尚未办理贷款手续的银行贷款限款,可以随时增加公司的现金,提高公司的支付能力。②公司准备很快变现的长期资产。由于某种原因,公司可能将一些长期资产很快出售变成现金,以增加公司的短期偿债能力。③公司偿债的信誉。如果公司的长期偿债能力一贯很好,即公司信用良好,当公司短期偿债方面出现困难时,公司可以很快地通过发行债券和股票等方法来解决短期资金短缺,提高短期偿债能力。这种提高公司偿债能力的因素,取决于公司自身的信用状况和资本市场的筹资环境。以上三方面的因素,都能使公司流动资产的实际偿债能力高于公司财务报表中所反映的偿债能力。

(2) 能降低公司短期偿债能力的因素主要有:①与担保有关的或有负债。如果它数额较大并且有可能发生就应该引起关注,因为它并不在报表中反映。②经营租赁合同中承诺的付款很可能是需要偿还的义务。③建造合同、长期资产购置合同中的分阶段付款也是一种承诺,应视同需要偿还的债务。

二、分析企业长期偿债能力

长期偿债能力是指企业对长期债务的承担能力和对偿还长期债务的保障能力。

(一) 长期偿债能力的影响因素

1. 企业的盈利能力

企业的短期偿债能力主要受到流动资产结构、流动负债结构、企业的变现能力以及流动资产与流动负债的对比关系影响,可以从资产变现的角度来进行分析。长期偿债能力则不同,由于衡量的时间较长,对未来较长时间的现金流量很难作出可靠预测,而且所包含的因素比较复杂,难以通过资产变现情况作出判断。

从企业的偿债义务来看,包括按期偿付本金和按期支付利息两个方面。企业的非流动负债大多用于非流动资产投资,形成企业的长期资产,在正常生产经营条件下,企业不能靠出售资产作为偿债的资金来源,而只能依靠生产经营所得。从举债的目的来看,企业使用资本较低的负债资金是为了获取财务杠杆利益,增加企业的收益,其利息支出自然要从所融通资金所创造的收益中予以偿付。所以说企业的长期偿债能力与盈利能力密切相关。就一般情况而言,企业的盈利能力越强,企业的长期偿债能力越强。如果企业长期亏损,则必须通过变卖资产才能清偿债务;否则,企业的生产经营活动就不能正常进行,最终要影响投资人和债权人的利益。

2. 权益资金的增长和稳定程度

尽管企业的盈利能力是影响长期偿债能力的最主要因素,但如果企业将绝大多数利润都分配给投资者,权益资金很少增长,就会降低偿还债务的可靠性。对于债权人而言,将大多数利润留在企业,会使权益资金增长,减少利润外流,这对投资人没有什么实质影响,但会增加偿还债务的可靠性,从而提高企业的长期偿债能力。

3. 投资效果

企业所举借的长期债务,主要用于长期资产(如固定资产等)的投资,投资的收益就决定了企业是否有能力偿还长期债务。特别是当某项具体投资的资金全部依靠非流动负债来筹措时,情况更是如此。当然,企业必须具有一定比例的权益资金作为偿债的保障。但如果企业的每一项投资都不能达到预期的目标,即使有相当比例的权益资金,其偿债能力也会受到影响。

4. 企业经营现金流量

企业的债务主要还是要用现金来清偿,虽然说企业的盈利能力是偿还债务的根本保证,但是盈利能力毕竟不等于现金。企业只有同时具备较强的变现能力,有充裕的现金才能保证具有真正的偿债能力。

从资产盈利能力、现金流量的内容、特点和作用可以看出,这些因素是从不同角度反映企业的偿债能力的。资产是清偿债务的最终物质保障,盈利能力是清偿债务的经营收益保障,现金流量是清偿债务的支付保障。只有将这些因素加以综合分析,才能真正揭示企业的偿债能力。

因此,长期偿债能力分析包括三个方面,分别是:资产规模对长期偿债能力影响指标的计算与分析;盈利能力对长期偿债能力影响指标的计算与分析;现金流量对长期偿债能力影响指标的计算与分析。

(二)资产规模对长期偿债能力影响指标的计算与分析

负债表明企业的债务负担,资产是偿还负债的物质基础,单凭负债和资产不能说明一个企业的偿债能力,负债少并不意味着企业的偿债能力强,同样,资产规模大也不能说明企业的偿债能力强。企业的偿债能力体现在资产和负债的对比关系上,由于这种对比关系反映出来的企业长期偿债能力指标主要有资产负债率、产权比率、所有者权益比率和有形净值债务率。

1. 资产负债率分析

资产负债率是从总体上反映公司的债务状况、负债能力和债权保障程度的一个综合指标,它是负债总额与资产总额的比率。其计算公式为:

$$资产负债率＝负债总额÷资产总额×100\%$$

对于该指标,应注意从不同角度进行分析。若站在债权人的立场,资产负债率应以低为好。对投资人来说,他们主要关心的是投资收益率的高低,如果负债的利息率低于总资产收益率,他们希望提高资产负债率。从公司经营者的角度看,必须将资产负债率控制在一个合理的水平。资产负债率低,财务风险较小,但过低的资产负债率使公司无法充分获取借入资金利息率小于总资产收益率时所带来的财务杠杆利益,影响公司盈利能力的提高,从而削弱公司的长期偿债能力;反之,资产负债率越高,公司扩大生产经营的能力及增加盈利的可能性就越大,但财务风险也随之增大,一旦发生经营不利的情况,将难以承受沉重的债务负担,甚至可能因出现资不抵债而导致公司破产。

为什么当负债的利息率低于总资产收益率时,投资人希望提高负债率,通过负债筹资?资产负债率的合理水平一般应在50%左右。如果公司经营前景较乐观,可以适当提高资产负债率,以增加盈利的机会;倘若前景不佳,则应减少负债经营,降低资产负债率,以减轻债务负担。总之,对公司资产负债率的评价,应结合公司的盈利能力进行综合考察。有些企业为了谋求更多的经济利益会过度举债,资产负债率过高,资金链过于紧绷,一旦债务到期无力偿还,又由于高的负债率难以再次借款,很容易导致企业资金链断裂、企业破产或倒闭。对于债权人而言,也承担了很高的收不回贷款的风险。

伊利股份2017年年末总资产493亿元,总负债241亿元,资产负债率48.9%。

2. 产权比率分析

产权比率也是衡量公司长期偿债能力的指标之一,它是负债总额与股东权益总额之比,这一比率可用于衡量主权资本对借入资本的保障程度。其计算公式为:

$$产权比率＝负债总额÷股东权益×100\%$$

该项指标反映由债权人提供的资本与股东提供的资本的相对关系,反映公司基本财务结构是否合理。一般而言,认为该指标应小于100%。产权比率高,是高风险、高报酬的财务结构;产权比率低,是低风险、低报酬的财务结构。公司应对收益与风险进行权衡,力求保持合理、适度的财务结构,以便既能提高获利能力,又能保障债权人的利益。

从债权人角度来看,该指标反映企业财务结构的风险性大小,以及所有者权益对偿债风险承受能力大小;产权比率越大,表明企业的长期偿债能力越弱,债权人承担的风险越大。

从投资者角度来看,在通货膨胀加剧时期,企业多借债可以把损失和风险转嫁给债权人;在经济萎缩时期,少借债可以减少利息负担和财务风险;在经济繁荣时期,多借债可以获得额外的利润。

资产负债率和产权比率具有共同的经济意义,两个指标可以相互补充。其中,资产负债率侧重分析债务偿付安全性的物质保障程度,产权比率侧重分析自有资金对偿债风险的承受能力。

伊利股份2017年年末产权比率为95.6%。

3. 所有者权益比率分析

所有者权益比率是所有者权益总额与资产总额的比率,该比率反映了企业资产中有多少是所有者投入的。其计算公式为：

$$所有者权益比率＝所有者权益总额÷资产总额×100\%$$

所有者权益比率与资产负债率之和应等于1，这两个比率从不同的侧面反映企业长期财务状况。所有者权益比率越大，资产负债率就越小，企业财务风险就越小，企业偿还长期债务的能力就越强。

伊利股份 2017 年年末所有者权益比率为 51.1%。

4. 有形净值债务率分析

有形净值债务率是将无形资产等从所有者权益中予以扣除，从而计算企业负债总额与有形净值的百分比。该指标反映了企业在清算时债权人投入的资本受到股东权益的保护程度。其计算公式为：

$$有形净值债务率＝负债总额÷有形净值总额×100\%$$

其中，有形净值是指净资产扣除无形资产、开发支出、商誉等价值不稳定的资产后的资产。

有形净值债务率是通过企业负债总额与有形净值进行对比，来反映企业在陷入财务困境或破产时对债权人投入资本受到股东权益的保护程度，主要是用于衡量企业的风险程度和对债务的偿还能力。这个指标越大，表明企业对债权人的保障程度越低，企业风险越大，长期偿债能力越弱；反之，该指标越小，表明企业长期偿债能力越强，企业财务风险就越小。

运用有形净值债务率指标分析时，应注意以下问题。

（1）有形净值债务率指标实质上是产权比率指标的延伸，是更为谨慎、保守地反映在企业清算时债权人投入的资产受到股东权益的保障程度。从长期偿债能力来讲，比率越低越好。

（2）有形净值债务率指标最大的特点是在可用于偿还债务的净资产中扣除了无形资产，包括商标、专利权以及非专利技术等。这主要是因为无形资产的计量缺乏可靠的基础，不可能作为偿还债务的资源，为谨慎起见，一律视为不能还债，将其从分母中扣除。

（三）盈利能力对长期偿债能力影响指标的计算与分析

资产固然可以作为偿债的保障，但企业取得资产的目的并不是为了偿债，而是利用资产进行经营以获取收益，所以债务清偿要依赖资产变现，资产变现更主要的是通过产品销售来实现的。因此，获利能力对评价偿债能力也很重要。从获利能力角度分析，评价企业长期偿债能力的指标主要有利息保障倍数、债务本息保证倍数和销售利息比率。

1. 利息保障倍数分析

利息保障倍数（已获利息倍数）是息税前利润与利息费用的比率，它反映公司经营业务所获得的收益支付债务利息的能力。其计算公式为：

$$利息保障倍数＝\frac{息税前利润}{利息费用}$$

其中,息税前利润是指利润中未扣除利息费用和所得税之前的利润,它可以用"利润总额加利息费用"来测算,也可以用"净利润加所得税、利息费用"来测算。公式中分母的利息费用是指本期发生的全部应付利息,不仅包括利润表中计入财务费用项目的利息费用,还包括计入固定资产成本的资本化利息。分子中的利息支出仅包括计入财务费用的利息费用。一般而言,利息保障倍数大于 1,说明企业偿付当期利息的能力较强,具有长期负债的偿还能力。利息保障倍数越大,说明企业用经营活动中所获得的收益偿还利息的能力越强;反之,则越弱。不同国家利息保障倍数在 3~6 之间,适当的利息保障倍数表明企业不能偿付其利息的风险小。保持良好偿付利息记录的企业,可以筹集到较高比例的债务。

从稳健角度出发,利息保障倍数分析企业偿付其利息能力,应选择若干年(如 3~5 年)中最低的指标值作为最基本的偿付利息能力指标。因为在借入资金等额的前提下,每年的利息支出额相等。以最低年份的数据为依据,可以了解企业最低的偿付利息的能力。

由于利息保障倍数不是一个定数,只能根据企业实际情况并结合行业平均水平进行确定。同时,此项指标无法反映企业能否偿还债务本金。因此,应结合债务本息保障倍数进行分析。

伊利股份 2017 年利息收入大于利息支出,因此不适用利息保障倍数指标。

2. 债务本息保证倍数分析

根据企业经营状况来反映偿债能力的保证程度,债务本息保证倍数比利息保障倍数更精确。对于债权人而言,如果连本金都不能收回,就更不敢奢求利息了。债权人借款给企业,目的虽然是取得利息收入,但基本前提是按期收回本金。而企业的偿债义务是按期支付利息和到期归还本金,所以其偿债能力的高低不能仅看偿付利息的能力,更重要的还是看其偿还本金的能力。企业在正常经营条件下,本金的偿还必须以企业经营所得赚取的利润来支付。债务本息保证倍数是指企业一定时期的息税前利润与还本付息金额的比率,它反映现金流入量对财务需要(现金流出)的保证程度,通常用倍数来表示。其计算公式为:

$$债务本息保证倍数 = \frac{息税前利润}{利息费用 + 年度还本额 \times (1 - 所得税税率)}$$

企业偿还本金与利息支出是有区别的,利息是所得税税前开支项目,支付 1 元的利息,只需要 1 元的营业收入,或者说是减少 1 元的利润额,偿还本金则需要动用企业的净收入,即企业偿还 1 元的本金将需要更多的税前利润,所以要将偿还的本金数还原到所得税税前水平。

伊利股份 2017 年利息收入大于利息支出,因此不适用债务本息保证倍数指标。

3. 销售利息比率分析

销售利息比率是反映企业一定时期的利息费用与营业收入的比率。其计算公式为：

$$销售利息比率＝利息费用÷营业收入×100\%$$

这一指标可以对企业销售状况对偿付债务的保障程度进行衡量。企业的负债最终要通过经营所得去偿还，如果经营不佳，其经营期间偿付债务就会缺少根本保障，而企业权益资金的多少对于偿债的保证只有在企业处于破产清算状态时才能真正发挥作用。在企业负债规模基本稳定的情况下，销售状况越好，偿还到期债务给企业造成的冲击越小。该指标越小，说明企业通过销售所获得的收入用于偿还负债利息的比例越小，企业的偿债压力越小。

伊利股份 2017 年利息收入大于利息支出，因此不适用销售利息比率指标。

（四）现金流量对长期偿债能力影响指标的计算与分析

运用现金流量指标可以比较真实地反映出企业的偿债能力。将现金流量与负债进行比较，可以用来评价企业长期偿债能力，主要指标有到期债务本息偿付比率、强制性现金支付比率、现金债务总额比率、利息现金保证倍数和现金再投资比率。

1. 到期债务本息偿付比率分析

到期债务本息偿付比率用来衡量企业到期债务本金及利息可由经营活动创造的现金来支付的程度。其计算公式为：

$$到期债务本息偿付比率＝经营现金流量净额÷到期债务本息×100\%$$

经营活动现金流量净额是企业最稳定的经常性现金来源，是清偿债务的基本保证。如果到期债务本息偿付比率小于1，说明企业经营活动产生的现金不足以偿付到期的债务和利息支出，企业必须通过其他渠道筹资或出售资产才能清偿债务。这一指标越大，说明企业长期偿债能力越强。

伊利股份 2017 年经营活动现金流量净额为 70 亿元，到期债务 78.6 亿元的短期借款＋应付利息 0.09 亿元，因此该指标为 89.0%。

2. 强制性现金支付比率分析

企业经营中，有些现金流出是带有强制性的，必须支付的，如生产经营中必须支付的现金，偿还本金、支付利息等必须支付的现金等。企业现金流入必须满足这种需要，才能保证生产经营的正常进行，保证企业保持良好的信誉。强制性现金支付比率就是反映企业是否有足够的现金履行其偿还债务、支付经营费用等责任指标。其计算公式为：

$$强制性现金支付比率＝现金流入总量÷（经营现金流出量＋偿还到期本息付现）$$

该指标应至少等于1，即现金流入总量能满足强制性项目支付的需要。这一指标越大，表明企业偿债能力越强，其超过 100% 的部分，可以用来满足企业其他方面的现金需求。

3. 现金债务总额比率分析

现金债务总额比率是指经营活动现金流量净额与期初、期末负债平均余额的比率,用来衡量企业负债总额用经营活动所产生的现金来支付的程度。其计算公式为:

现金债务总额比率＝经营活动现金流量净额÷负债平均余额

企业真正能用于偿债的现金流量,通过现金流量和债务的比较可以更好地反映企业偿债能力。现金债务总额比率能够反映企业生产经营活动产生现金流量净额偿还各种债务的能力。该比率越高,企业偿债能力越强。

4. 利息现金保证倍数分析

利息现金保证倍数是以年度经营活动产生的现金净流量与税金之和同本期支付的利息相比,表明企业的利息支付能力指标。其计算公式为:

利息现金保证倍数＝(经营活动现金净流量＋本期支付的所得税)÷本期支付的利息

一般而言,利息现金保证倍数比率越大,说明企业偿付到期债务的能力越强。如果该比率小于1,说明企业支付利息的能力堪忧。

伊利股份2017年利息收入大于利息支出,因此不适用利息现金保证倍数指标。

5. 现金再投资比率分析

现金再投资比率在于衡量企业来自经营活动上的现金已被保留的部分,使其同各项资产相比较,从而测定其重新再投资于各项营业资产的百分比关系。这个比例反映企业有多少现金留下来,并能用于资产的更新和企业的发展。其计算公式为:

$$\text{现金再投资比率} = \left(\text{来自经营活动的现金净流量} - \text{现金股利}\right) \div \left(\text{固定资产总额} + \text{对外投资} + \text{其他资产} + \text{营运资金}\right)$$

该比率中,分母各组成部分是某时点上的存量,反映了企业用于维持和扩大经营所需的全部再投资。其中,固定资产总额是指未扣除累计折旧的固定资产总额;对外投资是指介于流动资产和股东资产之间的长期投资;其他资产是指资产负债表中最下方的其他资产总计;营运资金是指流动资产减去流动负债后的余额。计算公式中,分子的现金股利为普通股和优先股现金股利之和,反映了企业实际可以支配的现金。

该比率的行业比较有重要意义。现金再投资比率通常应在7%～10%,但各行业有区别,同一企业的不同年份也有区别。一般来讲,在企业高速扩张的年份现金再投资比率低一些,稳定发展的年份高一些。

课后思考题:网上收集碧桂园(02007)最近一年的财务报表,进行偿债能力分析。

第五节　企业发展能力分析

一、认知企业发展能力的计量

企业发展能力是指企业未来年度的发展前景及潜力,是企业实现盈利的持续程度及价值增长的可能性。发展能力是企业在生存的基础上,扩大规模、壮大实力的潜在能力。企业的规模和实力是企业价值的核心内容,表明企业未来潜在的盈利能力。然而,企业的发展在于可持续性,需要不断地注入新的血液。企业的资本实力和潜在盈利能力是衡量和评价企业持续稳定发展的实质内容,他们的增长为企业的生存和发展注入了新的能量。

增长率是企业会计报表上某项目本期的增加额与上期(或上期期末)数额的比率。其通用计算公式为:某项目增长率＝某项目增长额÷某项目上期(或上期期末)数额＝[某项目本期(或本期期末)数额－某项目上期(或上期期末)数额]÷某项目上期(或上期期末)数额。企业就是通过某些能够反映企业增长情况的分析指标来评价企业的发展潜力,这可以通过计算销售(营业)增长率、总资产增长率、资本保值增值率、资本积累率、净收益增长率和营业利润增长率来进行。

二、分析企业发展能力

企业的发展能力是扩大规模壮大实力的潜在能力,发展能力的衡量指标主要是增长率。

(一)销售(营业)增长率

销售(营业)的增长是企业盈利的源泉。一个企业只有保持营业收入的稳定增长,才能不断地增加收入,提高盈利能力。盈利能力的提高,利润的增加,才能为占领市场、开发新产品、进行技术改造扩大资金来源,才能促进企业的进一步发展。因此,销售(营业)增长指标是评价企业发展状况和发展能力的重要指标。

销售(营业)增长率是指企业本年营业收入增长额同上年营业收入总额的比率,反映本年营业收入的增减变动情况,反映企业在销售方面的增长能力,是评价企业发展状况和发展能力的重要依据。其计算公式为:

销售(营业)增长率＝本期销售(营业)收入增长额÷上期销售(营业)收入总额×100％

式中:本年销售(营业)收入增长额＝本期销售(营业)收入－上期销售(营业)收入

该指标若大于0,表示企业本年销售(营业)收入有所增长,指标值越高越好,表明增长速度越快,企业市场前景越好;该指标若小于0,表示企业产品不适销对路、质次价廉、市场份额萎缩。

销售（营业）增长率是衡量企业经营状况和市场占有能力、预测企业经营业务拓展趋势的重要标志。不断增加的营业收入是企业生存的基础和发展的条件，该指标在实际操作时，应结合企业历年来的销售水平、企业市场占有情况、行业未来发展及其他影响企业发展的潜在因素进行前瞻性预测或者结合企业前3年的销售（营业）增长率作出趋势性分析判断。

伊利股份销售收入逐年上升，从2016年的606亿元上升至2017年的681亿元，销售增长率为12％。

（二）总资产增长率

资产是企业生产经营活动的物质条件，是企业用于取得收入的经济资源，也是企业偿还债务的保障。企业的资产规模与其经营规模是相适应的，资产规模的扩大表明企业兴旺发达。通常情况下，发展能力强的企业都能保证资产的稳定增长，因此，资产的增长可以表明企业的发展状况和发展能力，也是实现企业价值的重要手段。

总资产增长率是指企业本年总资产增长额同年初资产总额的比率。该指标可以衡量企业本期资产规模的增长情况，从资产总量扩张方面衡量企业的发展能力。其计算公式为：

$$总资产增长率＝本期资产增长额÷上期资产总额×100\%$$

式中：　　本期资产增长额＝资产总额年末数－资产总额年初数

该指标若大于0，表示企业本年总资产有所增长，指标值越高越好，表明增长速度越快，企业越有发展潜力；该指标若小于0，表示企业发展速度下降，发展能力减弱。

该指标若大于0，表示企业本年总资产有所增长，具体分析时，需结合增加资产的性质及来源综合考量。伊利股份2016年总资产393亿元，2017年年末总资产493亿元，增长率为26％。

（三）资本保值增值率

资本保值增值率是企业扣除客观因素后的本年年末所有者权益总额与年初所有者权益总额的比率，反映企业当年资本在企业自身努力下实际增减变动的情况。其计算公式为：

$$资本保值增值率＝\frac{扣除客观因素的本年年末所有者权益总额}{年初所有者权益总额}×100\%$$

一般认为，资本保值增值率越高，表明企业的资本保全状况越好，所有者权益增长快，债权人的债务越有保障。该指标通常应当大于100％。

伊利股份2017年年末所有者权益252亿元，年初所有者权益232亿元，资本保值增值率为109％。

（四）资本积累率

资本积累率是指企业本年所有者权益增长额同年初所有者权益的比率。其计算公式为：

资本积累率＝本年所有者权益增长额÷年初所有者权益×100％

式中：本年所有者权益增长额＝所有者权益年末数－所有者权益年初数

资本积累率是企业当年所有者权益总的增长率,反映了企业所有者权益在当年的变化水平。资本积累率反映了投资者投入企业资本的保全性,是评价企业发展能力的重要指标,体现了企业的资本积累情况。该指标越高,表明企业资本保全性越强,其应对风险、持续发展能力也越大。该指标如为负数,则表明企业的资本受到侵蚀,所有者权益受到损害。从财务报表上看,资本积累主要来源于企业实现净利润的留存和股东追加的投资。但前者更能表现资本积累的本质,表现出良好的企业发展能力和发展后劲。

伊利股份 2017 年的资本积累率为 9％。

(五) 净收益增长率

留存收益是盈余公积和未分配利润的总和。净收益增长率是企业当年留存收益增长额与年初净资产的比率。其中,当年留存收益是指在年初净资产增长的基础上,留在企业用于企业发展并形成净资产的收益。其计算公式为：

净收益增长率＝当年留存收益的增长额÷年初净资产×100％

式中：　当年留存收益的增长额＝年末留存收益－年初留存收益

伊利股份 2017 年净收益增长率＝[16.5 亿元(盈余公积＋未分配利润)－14.2 亿元]÷14.2 亿元＝16％。

(六) 营业利润增长率

营业利润增长率是企业本年营业利润增长额与上年营业利润总额的比率,反映企业营业利润的增减变动情况。其计算公式为：

营业利润增长率＝本年营业利润增长额÷上年营业利润总额×100％

式中：本年营业利润增长额＝本年营业利润总额－上年营业利润总额

伊利股份 2017 年营业利润增长率＝[71 亿元(2017 年营业利润)－55 亿元(2016 年营业利润)]÷55 亿元＝29％。

课后思考题:网上收集浙江龙盛(600352)最近一年的财务报表,进行发展能力分析。

第六节　企业财务综合分析

一、认知杜邦分析法

财务分析的最终目的在于全方位地了解企业经营理财状况,并对企业经济效益的优劣作出系统的、合理的评价。要掌握如何把偿债能力、获利能力、营运能力和发展能力等各方面纳入一个有机的整体中，全面地对企业的经营成果、财务状况进行揭示与披露，从而对企业经济效益的优劣作出准确的评价与判断。

（一）综合指标分析的特点

综合财务分析是将企业营运能力、偿债能力、盈利能力和发展能力等方面的分析纳入一个有机的分析系统中，全面地对企业的财务成果、经营状况进行解剖和分析，从而对企业经济效益作出较为准确的评价与判断。综合指标分析的特点体现在其财务指标体系的要求上。一个健全有效的综合财务指标体系必须具备三个基本要素。

1. 指标要素齐全适当

这是指所设置的评价指标必须能够准确涵盖企业营运能力、偿债能力、盈利能力和发展能力等方面总体考核的要求。

2. 主辅指标功能匹配

主要包括两个方面的内容：第一是在确定营运能力、偿债能力、盈利能力和发展能力诸方面评价的主要指标与辅助指标的同时，进一步明确总体结构中各项指标的主辅地位；第二是不同范畴的主要考核指标所反映的企业经营成果、财务状况的不同侧面与不同层次的信息有机统一，应当能够全面而翔实地揭示出企业的经营理财业绩。

3. 满足多方信息要求

这就要求指标评价体系必须能够提供多层次、多角度的信息资料，既能满足企业内部管理当局实施决策对充分而具体的财务信息的需要，同时又满足外部投资者和政府借此决策和实施宏观调控的要求。

一般认为，财务综合分析评价的方法运用得比较广泛的主要有杜邦分析法、沃尔比重分析法和综合系数评分法。虽然从目前这些方法的应用状况来看，它们都存在着明显的不足，但是实际工作中这些方法在有针对性地改进后还是应用得很广泛。

（二）杜邦分析法

杜邦分析是由美国杜邦公司提出的一种综合财务分析方法，它利用几种主要的财务比率之间的内在联系来综合地分析企业的财务状况。它是自净资产收益率指标项下层层分解，将偿债能力、营运能力和盈利能力结合起来，更直观地揭示了企业财务成果，从财务角度评价企业绩效的一种典型方法。

杜邦分析法的特点在于：该指标体系若从数学计算的角度来看，是以核心指标净资产收益率为出发点，通过数学变换（固定分子变分母），将其逐项推移分解为销售净利润率、总资产周转率和权益乘数三者的连乘积，以综合企业的销售获利能力、总资产营运能力和偿债能力、资本结构对净资产收益率的影响。

杜邦分析法中的几个主要财务指标的关系为：

$$净资产收益率＝总资产收益率×权益乘数$$

$$总资产收益率＝销售净利率×总资产周转率$$

$$净资产收益率＝销售净利率×总资产周转率×权益乘数$$

杜邦分析法的推导过程为：

$$净资产收益率＝净利润÷平均净资产$$

$$＝净利润÷平均总资产×平均总资产÷平均净资产$$

$$＝总资产收益率×权益乘数$$

$$＝净利润÷营业收入×营业收入÷平均总资产×权益乘数$$

$$＝销售净利率×总资产周转率×权益乘数$$

（三）杜邦分析法的主要指标

1. 销售净利率

销售净利率反映了净利润与营业收入之间的关系，这种关系可以表示为：销售净利率＝净利润÷营业收入。一般而言，营业收入增加，企业的净利润也会随之增加。但是，想要提高销售净利率，一方面必须提高营业收入；另一方面降低各种成本费用，使净利润的增长速度高于营业收入的增长速度，从而提高销售净利率。

2. 权益乘数

权益乘数反映了企业资产总额是所有者权益总额的倍数，它通常表示企业的负债程度，权益乘数越大，表明企业的负债程度越高。该指标与资产负债率密切相关，其表达式为：

$$权益乘数＝1÷（1－资产负债率）$$

在杜邦分析体系中，资产负债率是指全年平均资产负债率，即企业全年平均负债总额与全年平均资产总额的百分比。这样做是为了便于与其他指标进行对比。

3. 总资产周转率

总资产周转率反映了营业收入与平均总资产之间的关系，其关系可以表述为：

$$总资产周转率＝营业收入÷平均总资产$$

资产的周转速度直接影响企业的盈利能力，如果企业资产周转较慢，就会占用大量资金，增加资金成本，减少企业的利润。

杜邦分析体系是对企业财务状况进行自上而下的综合分析，它通过几种主要财务指标之间的关系，直观、明了地反映出企业的偿债能力、营运能力、盈利能力及其相互关系，从而提供了解决财务问题的思路和财务目标。杜邦分析体系是一种分解财务比率的方法，而不是另外建立财务指标，它可以用于各种财务比率的分解。该方法的关键不在于指标的计算，而在于对指标的理解和运用。

　　净资产收益率按销售净利率、总资产周转率和权益乘数三个因素分别进行比较分析。权益乘数受资产负债率的影响,权益乘数与资产负债率呈正比;销售净利率从销售额和销售成本进行分析;资产周转率需要对资产各组成部分从占用量和周转率两个方面进行分析。

二、认知杜邦分析图

(一) 杜邦分析图

　　利用杜邦分析法进行综合分析时,可以将各项财务指标之间的关系绘制成杜邦分析法分析图,如图 6.1 所示。

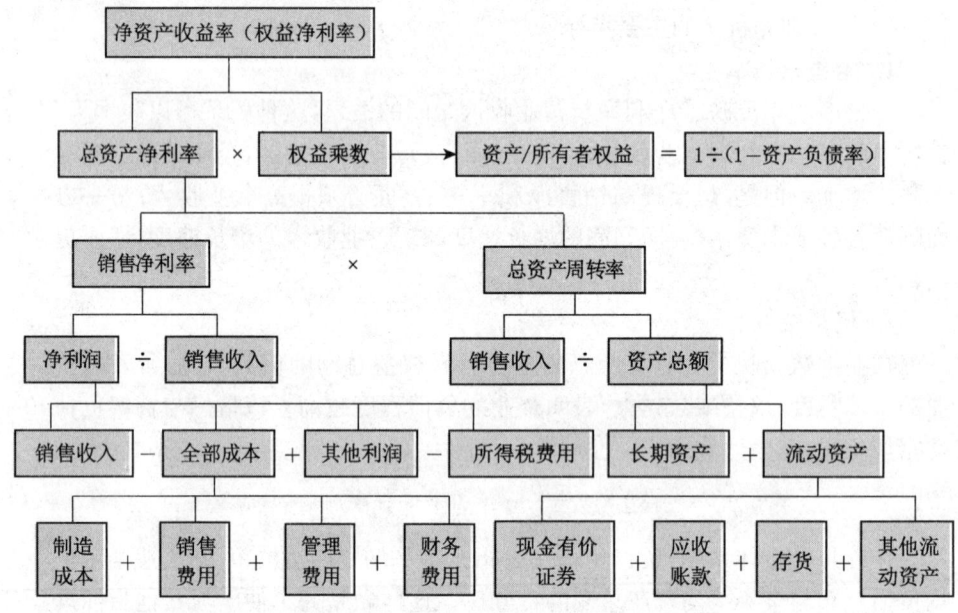

图 6.1　杜邦分析图

　　该图表明企业的财务指标经过层层分解,可以分解为财务报表项目。这样就可以找出净资产收益率提高或降低的原因所在,便于查明原因,采取措施。杜邦分析图通过几种主要财务比率的相互关系,全面、系统、直观地反映出企业整体的财务状况,从而节省了财务分析人员分析报表的时间。杜邦分析图提供了以下主要财务指标关系的信息。

　　(1) 净资产收益率是综合性最强的财务比率,是杜邦分析体系的核心。它反映了所有者投入资本的获利能力,同时反映企业的筹资、投资、资产运营等活动的效率。它的高低取决于总资产收益率和权益乘数的水平。决定净资产收益率高低的因素有三个方面,即销售净利率、总资产周转率和权益乘数。这三个指标分别反映了企业盈利能力、资产管理水平和负债比率。

　　(2) 权益乘数受资产负债率的影响。负债比率越大,权益乘数越高,说明企业有较高的负债程度,给企业带来较多的财务杠杆利用,同时也给企业带来了风险。因此,企业在合理使用全部资产的同时,要妥善安排资金结构。此外,权益乘数可以进一步结合财务杠杆来分析企业的资本结构是否合理,结合权益结构分析企业的偿债能力。在资产总额一定的情况下,适当开展负债经营,可以减少所有者权益资金的份额,从而提高净资产收益率。

(3)总资产收益率是一个综合性的财务比率,它是销售净利率与总资产周转率的乘积。因此,要进一步从销售成果和资产营运两个方面来分析。影响总资产收益率的因素主要有产品的价格、单位成本、产量和销售量、资金占用量,可以利用它来分析经营中存在的问题,提高销售净利率,加速资金周转。

(4)销售净利率反映企业净利润与营业收入之间的关系。提高销售净利率是提高企业盈利能力的关键。提高该指标的途径有:扩大销售收入、降低成本费用。扩大销售收入有利于提高销售净利率与总资产周转率;降低成本费用是提高销售净利率的重要因素,从杜邦体系分析图可以看出企业成本费用的结构是否合理,并从中找到降低成本费用的途径和控制成本费用的具体方法。例如,企业的管理费用过多,就要分析企业行政机构是否过于庞杂;财务费用过多,就要分析企业的负债比率是否过高。在具体分析成本费用时,可以重点分析对企业影响较大的费用项目,并将其单独列示。

(5)总资产周转率反映了企业资产占有与营业收入之间的关系,揭示出企业资产实现营业收入的综合能力。总资产周转率反映了总资产的周转速度,当以较小的资产占用产生较多的营业收入时,总资产周转率就会加快。对资产周转率分析,需要对影响资产周转的各因素进行分析,以判断公司资产周转的主要问题。

分析企业的资产结构是否合理,即流动资产与非流动资产的比例是否合理。它们之间的结构合理与否将直接影响资产的周转速度。一般而言,流动资产直接体现了企业的偿债能力和变现能力,非流动资产体现了企业的经营规模与发展潜力,两者之间要有一个合理的比例关系。

如果发现企业的某项资产比重过高,影响企业的资金周转,从而影响企业的净资产收益率,就应深入分析原因。如果企业的流动资产中货币资金过多,应分析其现金持有量是否合理,有无现金闲置现象,因为货币资金的变现能力最强但获利能力最弱;如果流动资产中存货和应收账款过多,就会占用大量的资金,影响企业资金周转。企业具体分析时要联系收入情况分析资产投资的合理性。

杜邦分析法是一种分解财务比率的方法,而不是另外建立新的财务分析指标,它主要用于各种财务比率的分解。

(二)杜邦分析法的局限性

杜邦分析法的局限性从企业绩效评价的角度来看,杜邦分析法只包括财务方面的信息,不能全面反映企业的实力,有很大的局限性,在实际运用中需要加以注意,必须结合企业的其他信息加以分析。其局限性主要表现在以下几个方面。

（1）对短期财务结果过分重视，有可能助长公司管理层的短期行为，忽略了企业长期的价值创造。

（2）财务指标反映的是企业过去的经营业绩，能够满足衡量工业时代企业的要求。但在目前的信息时代，顾客、供应商、雇员、技术创新等因素对企业经营业绩的影响越来越大，而杜邦分析法在这些方面是无能为力的。

（3）在目前的市场环境中，企业的无形资产对提高企业长期竞争力至关重要，杜邦分析法却不能解决无形资产的估值问题。

接下来以伊利股份 2017 年财务报表为例，进行杜邦分析，如图 6.2 所示。

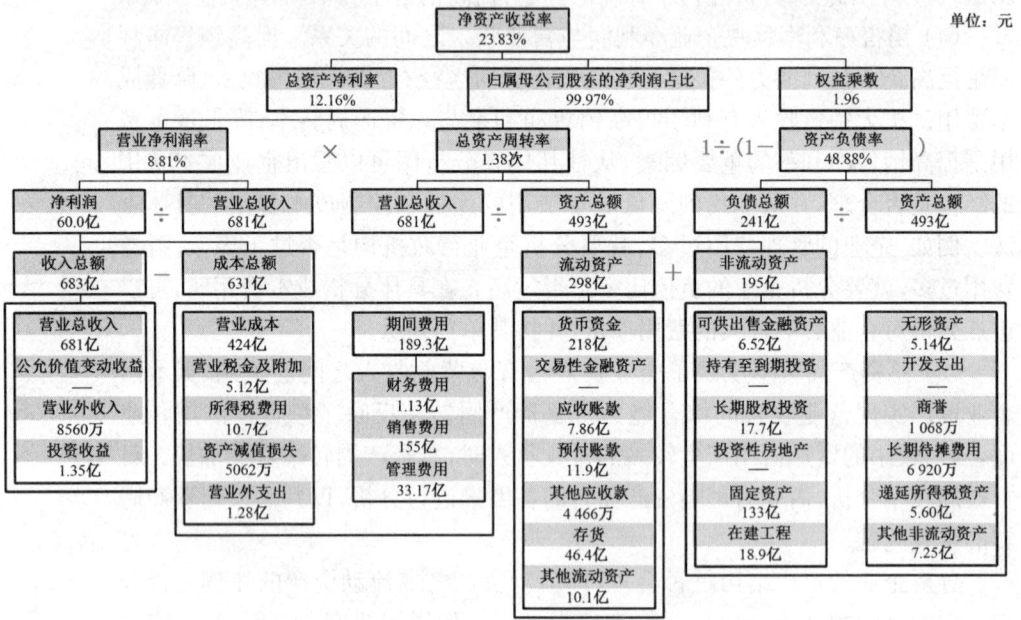

图 6.2　伊利股份 2017 财务报表杜邦分析图

从杜邦分析的结果上看，伊利是一个值得投资的公司，但是作为国企，伊利本身效率是不高的。

2017 年末伊利有货币资金 218 亿元，一个拥有巨额现金的公司，可是上述资金并没有有效率地使用，而是放在账上搁置，218 亿元完全可以再造另一个上市公司。

三、认知沃尔比重分析法

（一）沃尔比重分析法的内涵

1928 年，亚历山大·沃尔（Alexander Wole）出版的《信用晴雨表研究》和《财务报表比率分析》中提出了信用能力指数的概念，他选择了七个财务比率，即流动比率、产权比率、固定资产比率、存货周转率、应收转款周转率、固定资产周转率和自有资金周转率等，分别给定各指标的比重，然后确定标准比率

（以行业平均数为基础），将实际比率与标准比率相比，得出相对比率，将此相对比率与各指标比重相乘，确定各项指标的得分及总体指标的累积分数，从而对企业的信用水平作出评价。

（二）基本原理

（1）把若干财务比率用线性关系结合起来。常用的财务比率如表 6.4 所示。

表 6.4

财务比率一览表

1. 现金比率	31. 销售与固定资产之比
2. 应收账款周转天数	32. 销售与营运资本之比
3. 应收账款周转次数	33. 销售与净值之比
4. 应收账款与平均赊销之比	34. 现金与销售之比
5. 速动比率	35. 速动资产与销售之比
6. 存货周转天数	36. 流动资产与销售之比
7. 存货周转次数	37. 利息和税前的资产收益率
8. 存货与日平均销售之比	38. 税前的资产收益率
9. 短期债务与存货之比	39. 税后的资产收益率
10. 存货与流动资产之比	40. 营业资产收益率
11. 存货与营运资本之比	41. 税前的全部资本投资收益率
12. 流动比率	42. 税后的全部资本投资收益率
13. 固定资产净值与有形资产净值之比	43. 税前的股本收益率
14. 现金与资产总额之比	44. 税后的股本收益率
15. 流动资产与资产总额之比	45. 税前的净利润率
16. 速动资产与资产总额之比	46. 税后的净利润率
17. 留存收益与资产总额之比	47. 留存收益与净利润之比
18. 债务股权比率	48. 现金流量与当期到期长期债务之比
19. 债务总额与净营运资本之比	49. 现金流量与资产总额之比
20. 债务总额与资产总额之比	50. 利息收入倍数
21. 短期债务与全部投资资本之比	51. 固定费用补偿倍数
22. 长期债务与全部投资资本之比	52. 经营杠杆程度
23. 筹资债务与营运资本之比	53. 财务杠杆程度
24. 股权总额与资产总额之比	54. 每股盈利
25. 固定资产与股权之比	55. 每股账面价值
26. 普通股股权与全部投资资本之比	56. 股息支付率
27. 流动负债与资产净值之比	57. 股息率
28. 市价净值与债务总额之比	58. 股票市价与盈利之比
29. 资产总额周转	59. 股票市价与股票账面价值之比
30. 销售与营业资产之比	

(2) 对选中的财务比率给定其在总评价中的比重(比重总和为100),然后确定标准比率,并与实际比率相比较,评出每项指标的得分,最后得出总评分。

四、沃尔比重分析法的基本步骤

沃尔比重分析法的基本步骤如下。

(一) 选择评价指标并分配指标权重

在确定评价指标及其权重时,可以参考财政部《企业绩效评价操作细则(修订)》中的企业绩效评价指标体系建立评价指标和各项指标的权重。

(1) 沃尔比重分析法常用的评价指标。

偿债能力指标:资产负债率、已获利息倍数。

盈利能力指标:净资产收益率、总资产报酬率。

营运能力指标:总资产周转率、流动资产周转率。

发展能力指标:营业增长率、资本积累率。

(2) 按重要程度确定各项比率指标的评分值(权重,下同),评分值之和为100。

偿债能力指标为20:资产负债率12、已获利息倍数8;

盈利能力指标为38:净资产收益率25、总资产报酬率13;

营运能力指标为18:总资产周转率9、流动资产周转率9;

发展能力指标为24:营业增长率12、资本积累率12。

(二) 确定各项财务指标的标准值

各财务指标的标准值即各该指标在企业现时条件下的最优值。财务指标的标准值一般可以行业平均数、企业历史先进数据、国家有关标准或者国际公认数为基准加以确定。

(三) 计算企业在一定时期各项比率指标的实际值

(四) 对各项评价指标计分并计算综合分数

其计算公式分别为:

各项评价指标的得分 = 各指标权重 × (指标实际值 ÷ 指标标准值)

综合得分 = ∑ 各项评价指标的得分

(五) 形成评价结果

在最终评价时,如果综合得分大于100分,则说明企业的财务状况比较好;反之,则说明企业财务状况低于同行业平均水平或者本企业历史先进水平等评价指标。

五、几种常见的评价指标

现代社会与沃尔所处的时代相比,已经发生很大的变化。沃尔最初提出的七项指标已经难以完全适应当前企业评价的需要。现在通常认为,在选择评价指标时,应包括偿债能力、盈利能力、营运能力和发展能力等方面的指标。

此外,还应当选取一些非财务指标作为参考。常见的其他几种评价指标如表6.5至表6.7所示。

表6.5

商业贷款部门评级常用的财务指标

财务指标	重要性等级	衡量内容
债务股权比率	8.71	债务
流动比率	8.25	变现能力
现金流量与当期到期长期债务之比	8.08	债务
固定费用补偿倍数	7.58	债务
税后的净利润率	7.56	盈利能力
利息收入倍数	7.50	债务
税前的净利润率	7.43	盈利能力
财务杠杆程度	7.33	债务
存货周转天数	7.25	变现能力
应收账款周转天数	7.08	变现能力

表6.6

贷款协议中最常用的财务指标

财务指标	确认下列指标至少在贷款协议中出现频率为25%的银行数占被调查总数的百分比	衡量内容
债务股权比率	92.5	债务
流动比率	90.0	变现能力
股息支付率	70.0	—
现金流量与当期到期长期债务之比	60.3	债务
固定费用补偿倍数	55.2	债务
利息收入倍数	52.6	债务
财务杠杆程度	44.7	债务
股本与资产之比	41.0	—
现金流量与债务总额之比	36.1	债务
速动比率	33.3	变现能力

表 6.7

企业财务主管人员评级的最重要财务指标

财务指标	重要性等级	衡量内容
每股盈利	8.19	盈利能力
税后的股本收益率	7.83	盈利能力
税后的净利润率	7.47	盈利能力
债务股权比率	7.46	债务
税前的净利润率	7.41	盈利能力
税后的全部资本投资收益率	7.20	盈利能力
税后的资产收益率	6.97	盈利能力
股息支付率	6.83	其他
股票市价与盈利之比	6.81	其他
流动比率	6.71	变现能力

课后思考题：网上收集杭萧钢构(600477)最近一年的财务报表，进行综合分析评价。

第七节　财务综合指标体系与财务报表分析报告

一、财务综合指标体系

(一) 财务综合指标体系的构建原则

为了保证财务报表分析工作的有效性和客观性，分析指标体系的构建应遵循以下原则。

1. 科学性和系统性原则

指标选择的科学性和系统性，要求指标设计必须有科学依据，能够真实地反映企业的实际财务状况和经营业绩，同时又要全面、系统并具有代表性，不能只重视某一方面的指标和内容。既要全面反映企业的经营管理等情况，又不能使指标重复考核，虚设指标，做到盈利能力分析、财务状况分析和现金流量分析的有机结合。

2. 可操作性原则

可操作性是指指标的易理解性和有关数据收集的可行性，使所设计的指标能够在实践中较为准确地计量。分析指标体系的设立应该有足够的灵活性，使企业能够根据自身特点和实际情况进行运用。

3. 实用性原则

分析指标体系要能科学地反映企业的实际情况，适中实用。如果指标体系过大、层次过多、指标过细将使分析评价的注意力不能体现整体;而指标体系过小、指标过粗又不能反映企业的实际水平。

4. 静态与动态相结合原则

一般而言,财务报表分析指标体系在指标的内涵、指标的数量、体系的构成等方面应保持相对稳定。但是,仅从静态角度考虑是不全面的,根据权变理论的原理,分析指标体系需要随着经济环境和分析目的的变化而不断改进,不断发展。

(二) 基本指标

基本指标是评价企业绩效的核心指标,由反映四部分评价内容的 8 项计量指标构成,用于形成对企业绩效评价的初步结论。

1. 盈利能力状况

(1) 净资产收益率=净利润÷平均净资产×100%

(2) 总资产报酬率=息税前利润÷平均总资产×100%

2. 营运能力状况

(1) 总资产周转率=营业收入÷平均总资产

(2) 流动资产周转率=营业收入÷平均流动资产

3. 偿债能力状况

(1) 资产负债率=负债总额÷资产总额×100%

(2) 已获利息倍数=息税前利润÷利息支出

4. 发展能力状况

(1) 营业增长率=本年营业收入增长额÷上年营业收入总额×100%

(2) 资本积累率=本年所有者权益增长额÷年初所有者权益×100%

(三) 修正指标

修正指标是对基本指标形成的财务效益状况、资产营运状况、偿债能力状况和发展能力状况的初步评价结果进行修正,以产生比较全面准确的企业绩效评价结果,具体由 12 项计量指标构成。

1. 盈利能力状况

(1) 资本保值增值率=扣除客观因素后的年末所有者权益÷年初所有者权益×100%

(2) 主营业务利润率=主营业务利润÷主营业务收入净额×100%

(3) 盈余现金保障倍数=经营现金净流量÷净利润

(4) 成本费用利润率=利润总额÷成本费用总额×100%

2. 营运能力状况

(1) 存货周转率(次)=营业成本÷存货平均余额

(2) 应收账款周转率(次)=营业收入÷应收账款平均余额

(3) 不良资产比率=年末不良资产总额÷年末资产总额×100%

3. 偿债能力状况

(1) 现金流动负债比率=经营现金净流量÷流动负债×100%

（2）速动比率＝速动资产÷流动负债

4. 发展能力状况

（1）3 年资本平均增长率＝[（3 年年末所有者权益总额÷3 年前年末所有者权益总额）$^{\frac{1}{3}}$－1]×100％

（2）3 年销售收入平均增长率＝[（3 年年末销售收入总额÷3 年前年末销售收入总额）$^{\frac{1}{3}}$－1]×100％

（3）技术投入比率＝当年技术转让费支出与研究投入÷主营业务收入净额×100％

（四）评议指标

评议指标是用于对基本指标和修正指标评价形成的评价结果进行定性分析验证，以进一步修正定量评价的结果，使企业绩效评价的结论更加全面、准确。评议指标主要由以下 8 项非计量指标构成：经营者基本素质、产品市场占有能力、基础管理水平、发展创新能力、经营发展战略、在岗员工素质、技术装备水平、综合社会贡献。

二、财务报表分析报告

（一）财务报表分析报告的含义

财务报表分析报告是反映企业财务状况和经营成果意见的报告性书面文件。撰写分析报告是对财务分析工作进行概括和总结的重要环节。财务分析人员将财务分析评价结果向财务报表的使用者报告，以便他们通过分析报告了解企业的财务状况、经营成果、发展前景及存在的问题，从而作出科学、合理的决策；同时，分析报告也是财务分析人员分析工作的最终成果，其撰写质量的高低，直接反映出报表分析人员的业务能力和素质。可见，分析报告是财务报表使用者作出决策的依据，也是财务分析人员工作能力的最好体现。

（二）财务报表分析报告的类型及特点

了解财务报表分析报告的分类有助于掌握各种不同内容分析报表的特点，按不同要求撰写财务报表分析报告。财务报表分析报告可按不同标准进行分类。

1. 财务报表分析报告按其分析的内容范围分类

企业一般都应根据《企业财务通则》和行业会计制度的规定，结合其业务特点，既要对企业的财务活动进行综合分析，又要进行专题分析。有时根据具体需要进行简要分析，相应的财务报表分析报告也就有综合分析报告、简要分析报告、专题分析报告、典型分析报告和分列对比分析报告，并各有不同的特点。

1）综合分析报告。

综合分析报告又称全面分析报告，是企业通过资产负债表、利润表、现金流量表、所有者权益变动表、财务报表附表、财务报表附注及财务情况说明书、财务和经济活动所提供的信息及内在联系，运用一定的科学分析方法，对企业的业务经营情况，利润实现情况和分配情况，资金增减变动和周转利用情况，税金缴纳情况,存货、固定资产等主要财产的盘盈、盘亏、毁损变动情况及对本期或下期财务状况将要发生重大影响的事项作出客观、全面、系统的分析评价,并进行必要的科学预测和决策而形成的书面报告。

2) 简要分析报告。

简要分析报告是对一些主要经济指标或一定时期内存在的比较突出的问题进行扼要的分析,以观察企业财务活动的基本趋势和经营管理的改进情况而形成的书面报告。

简要分析报告具有简明扼要、切中要害的特点。通过分析,能反映和说明企业分析期内业务经营的基本情况、企业累计完成各项经济指标的情况,并预测今后的发展趋势。简要分析报告主要适用于定期分析,可按月、按季等进行编制。

3) 专题分析报告。

专题分析报告又称单项分析报告,是针对某一时期的企业经营中存在的关键问题、重大经济措施或薄弱环节等,进行专门分析后形成的书面分析报告。一些投资项目的效益测算报告也属于这种形式。专题报告具有不受时间的限制、一事一议、易被经营者接受、收效快等特点。因此,专题分析报告在企业经营工作中起着不可缺少的作用。

4) 典型分析报告。

典型分析报告是对某些典型事例或典型企业,采取解剖"麻雀"的方法,详细进行各方面的分析,以点带面,推动全面工作。

5) 分列对比分析报告。

分列对比分析报告是指对所属单位的主要财务指标,采取分列对比的分析,以便找出差异,采取措施。

2. 财务报表分析报告按其分析的时间分类

财务报表分析报告按其分析的时间分类,可以分为定期分析报告和不定期分析报告。

1) 定期分析报告。

定期分析报告一般是上级主管部门或企业内部规定的每隔一段相等时间给予编制和上报的分析报告,如目前由企业主管部门布置的半年度、年度编制和上报的综合分析报告及企业内部规定的每隔半年或一个季度自行编制,供有关领导参阅的分析报告等,均属于定期分析报告。

2) 不定期分析报告。

不定期分析报告是指从财务管理和业务经营的实际需要出发,编制和上报的时间不作统一规定的财务报表分析报告,如上述的专题分析报告就属于不定期分析报告。

(三) 财务报表分析报告的撰写步骤

1. 撰写前的资料准备

完成财务报表分析报告须做好撰写前必要的准备工作,具体分为收集资料阶段和整理、核实资料阶段两个步骤进行。

1) 收集资料阶段。

收集资料阶段实质上是一个调查过程,深入全面的调查是科学分析的前提,有了这个前提分析报告才不致成为"无源之水,无本之木"。

(1) 财务报表分析报告的资料内容。财务报表分析人员可以在日常工作中,根据粗略制定的分析内容要点,经常收集和整理有关资料。这些资料包括间接的书面资料,也包括从直属企业取得的第一手资料。分析人员主要收集以下有关资料:会计资料、业务资料、对比资料、其他资料。

(2) 分析报告的资料来源。

2) 整理、核实资料阶段。

各种资料收集齐全后,要加以整理、核实,保证其合法性、正确性和真实性,同时根据所制定的财务报表分析报告的内容要点进行分类。整合、核实资料是整个财务报表分析的中间环节,起着承上启下的作用。

在整理资料过程中,应经常根据分析的内容要点作些摘记,这将对财务报表分析报告的编写十分有利。对于重点分析的内容,如准备分析本年度销售收入与效益的关系问题,则可以在此题目下记录所收集的销售收入、利润等重要数据和观点,并简要写上与此观点有关的各类别内容的索引参考资料,以备在正式编制财务报表分析报告时能迅速查找所需的资料。对于一般分析的内容,也可按照其特点做好不同形式的摘记。有时会遇到一些资料同时适用于多项内容的情况,那也只需在各项内容下的摘记中写清即可。总之,要掌握资料翔实、分类清楚、查找方便的原则。

收集资料和整理、核实资料并非是完全分开的两个阶段,一般可以边收集、边核实、边整理,相互交叉、相互结合地进行,同时这项工作应贯穿在日常工作中进行,切记临近编制分析报告时再去着手此项工作。这样收集的资料才能涉及面广、内容丰富,就可在正式进行财务报表分析时胸有成竹,做到忙而不乱。

2. 报告的选题

由于财务报表分析报告的形式多种多样,因此报告的选题也没有统一的标准和模式。一般可以根据报告所分析的内容和提供的信息来确定报告的选题。例如,"某月份简要财务分析""资产运用效率分析""存贷款利率的调整对企业损益影响分析""某年度财务报表综合分析"等都是较合适的选题。报告的选题应能准确地反映出报告的主题思想。报告选题一经确定,就可紧紧围绕为完成它的分析所收集整理的资料进行分析并编制财务报表分析报告了。

3. 报告的起草

在收集整理了资料、确定了选题以后,就可以根据企业管理的需要进入财务报表分析报告的编制阶段。这一阶段的首要工作就是报告的起草。财务报表分析人员应当不偏不倚,客观公正,思维敏锐,文笔表述能力强,财务会计知识全面,业务能力强,懂财经法规,有较强的分析问题和解决问题的能力等,对企业的财务活动过程中涉及企业的分公司或子公司的生产经营情况了如指掌,善于在日常的工作中寻找和发现问题,才能胜任编制财务报表分析报告这一重要工作。

4. 报告的修改和审定

报告的起草应围绕报告的选题并按照报告的结构进行,特别是专题分析报告,应将问题分析透彻,真正地分析问题、解决问题。例如,在对管理费用超计划情况分析时,应从构成管理费用的各项目入手,分析各项目超支的绝对数或相对数,并逐一分析是什么原因造成的超支,是客观原因还是主观原因;属于经营管理问题,还是违法乱纪问题等。从超支的各种原因中找出解决问题的途径,并提出切实可行的建议。对综合分析报告的起草,最好先拟定报告编写提纲,提纲应能提纲挈领地反映综合报告的内容,然后只需在提纲框架的基础上,依据所收集、整理的资料选择适当的方法,起草综合分析报告。

(四)财务报表分析报告的结构

财务报表分析报告的结构根据报告的内容可以有多种多样的形式,没有固定格式。分析报告评价要客观、全面、准确。一般来说,综合分析报告的结构大致如下。

1. 标题

标题是对分析报告的最精炼的概括,它不仅要确切地体现分析报告主体思想,而且要用语简洁、醒目。由于分析报告的内容不同,其标题也没有统一的标准和固定模式,应根据具体的分析内容而定。例如,"某月份简要财务报表分析报告""某年度综合财务分析报告""资产使用效率分析报告"等都是较合适的标题。

2. 报告目录

报告目录告诉分析报告阅读者本报告所分析的内容及所在页码。

3. 重要提示

重要提示主要是针对本期报告新增内容或需要加以重点关注的问题事先作出说明。

4. 报告摘要

报告摘要是概括公司综合情况,使报告接受者对财务报表分析的说明有个总的认识。报告摘要是对本期报告内容的高度浓缩,要求言简意赅、点到为止。

各部分都要在其后标明具体分析所在页码,以便读者查阅相应的分析内容。

以上几部分的目的是让阅读者在最短的时间内获得对报告的整体性认识以及本期报告中将告知的重大事项。

5. 说明段

说明段是对公司运营及财务状况的介绍。该部分要求文字表述适当,数据应用准确。对经济指标进行说明时可适当运用绝对数、比较数和复合指标数。特别要关注公司当前运作上的重心,对重要的事项要单独反映。公司在不同阶段、不同月份的工作重点有所不同,所需要的财务分析的重点也不同。如果公司正在进行新产品的投产、市场开发,则公司各阶段需要对新产品的成本、回款、利润数据进行分析报告。

6. 分析段

分析段是对公司经营情况进行分析研究。在说明问题的同时还要分析问题,寻找问题的原因和症结,以达到解决问题的目的。分析一定要有理有据,要细化分解各项指标,因为有些报表的数据是比较含蓄和笼统的,要善于运用表格、图示,突出表达分析的内容。分析问题一定要抓住当前要点,多反映公司的经营聚焦点和易于忽视的问题。

7. 评价段

在作出财务分析说明后,对于经营成果、财务状况、现金流量业绩,应该从财务角度给予公正客观的评价和预测。财务评价不能运用似是而非、可进可退、左右摇摆等不负责任的语言,评价要从正面和负面两方面进行,评价既可以单独分段进行,也可以将评价的内容穿插在说明段部分和分析段部分。

为了使财务报表分析报告更加清晰明了,应编制财务分析报告,即根据分析报告的目的,将财务报表资料及有关经济活动资料经过科学再分类、再组合,适当补充资料,配以分析计算栏目,采用表格、柱状图等形式,简明扼要地表达资料各项间的内在联系。财务分析报表有助于清晰地显示各指标之间的差异及变动趋势,使论证的内容更加形象,如编制主要财务分析指标情况表、盈亏情况分析表、流动资金分析表、主要销售收入情况表、费用明细表等。

8. 具体改进措施和建议部分

财务报表分析报告应根据企业具体情况,有针对性地提出意见和建议。对企业经营管理中的成败和经验,应提出加以推广的建议;对财务报表分析过程中发现的矛盾和问题,应提出挖掘潜力,有建设性地改进措施、意见和建议。如果能对今后发展提出预测性意见,则具有更大的作用。

9. 编制单位及编制日期

审定后的财务报表分析报告应写明编制单位和编制日期。

(五)上市公司管理层讨论与分析

管理层讨论与分析是上市公司定期报告中管理层对于本企业过去经营状况的评价分析以及对企业和未来发展趋势的前瞻性判断,是对企业财务报表中所描述的财务状况和经营成果的解释,是对经营中固有风险和不确定性的揭示,同时也是对企业未来发展前景的预期。管理层讨论与分析是上市公司定期报告的重要组成部分。要求上市公司编制并披露管理层讨论与分析的目的在于使公众投资者能够有机会了解管理层自身对企业财务状况与经营成果的分析评价,以及企业未来一定时期内的计划。这些信息在财务报表及附注中并没有得到充分揭示,它对投资者的投资决策却相当重要。

管理层讨论与分析信息大多涉及"内部性"较强的定性型软信息,无法对其进行详细的强制规定和有效监控,因此,西方国家的披露原则是强制与自愿相结合,企业可以自主决定如何披露这类信息。我国也基本实行这种原则,如中期报告中的"管理层讨论与分析"部分以及年度报告中的"董事会报告"部分,都是规定某些管理层讨论与分析信息必须披露,而另一些管理层讨论与分析信息鼓励企业自愿披露。

上市公司"管理层讨论与分析"主要包括两部分:报告期经营业绩变动的解释与企业未来发展的前瞻性信息。

1. 报告期经营业绩变动的解释

(1)分析企业主营业务及其经营状况。

(2)概述企业报告期内总体经营情况。列示企业主营业务收入、主营业务利润、净利润的同比变动情况,说明引起变动的主要影响因素。企业应当对前期已披露的企业发展战略和经营计划的实现或实施情况、调整情况进行总结,若企业实际经营业绩较曾公开披露过的本年度盈利预测或经营计划低10%以上或高20%以上,应详细说明造成差异的原因。企业可以结合企业业务发展规模、经营区域、产品等情况,介绍与企业业务相关的宏观经济层面或外部经营环境的发展现状和变化趋势,企业的行业地位或区域市场地位,分析企业存在的主要优势和困难,分析企业经营和盈利能力的连续性和稳定性。

(3)说明报告期企业资产构成、企业销售费用、管理费用、财务费用、所得税等财务数据同比发生重大变动的情况及发生变化的主要影响因素。

(4)结合企业现金流量表相关数据,说明企业经营活动、投资活动和筹资活动产生的现金流量的构成情况,若相关数据发生重大变动,应当分析其主要影响因素。

(5)企业可以根据实际情况对企业设备利用情况、订单的获取情况、产品的销售或积压情况、主要技术人员变动情况等与企业经营相关的重要信息进行讨论和分析。

(6)企业主要控股企业及参股企业的经营情况及业绩分析。

2. 企业未来发展的前瞻性信息

(1)企业应当结合回顾的情况,分析所处行业的发展趋势及企业面临的市场竞争格局。产生重大影响的,应给予管理层基本判断的说明。

(2)企业应当向投资者提示管理层所关注的未来企业发展机遇和挑战,披露企业发展战略,以及拟开展的新业务、拟开发的新产品、拟投资的新项目等。若企业存在多种业务的,还应当说明各项业务的发展规划。同时,企业应当披露新年度的经营计划,包括(但不限于)收入、费用成本计划以及新年度的经营目标,如销售额的提升、市场份额的扩大、成本的升降、研发计划等,为达到上述经营目标拟采取的策略和行动。企业可以编制并披露新年度的盈利预测,该盈利预测必须经过具有证券期货相关业务资格的会计师事务所审核并发表意见。

(3)企业应当披露为实现未来发展战略所需的资金需求及使用计划,以及资金来源情况,说明维持企业当前业务完成在建投资项目的资金需求,未来重大的资本支出计划等,包括未来已知的资本支出承诺、合同安排、时间安排等。同时,对企业资金来源的安排、资金成本及使用情况进行说明。企业应当区分债务融资、表外融资、股权融资、衍生产品融资等项目对企业未来资金来源进行披露。

(4) 所有风险因素(包括宏观政策风险、市场或业务经营风险、财务风险、技术风险等),企业应当针对自身特点进行风险揭示,披露的内容应当充分、准确、具体。同时企业可以根据实际情况,介绍已(或拟)采取的对策和措施,对策和措施应当内容具体,具备可操作性。

课后思考题:网上收集长生生物(ST 长生 002680)最近一年的财务报表,撰写分析评价报告。

第七章

财务报表阅读与分析案例

项目描述

通过前面 6 章内容的学习,我们已经掌握了财务报表阅读与分析的基本知识和指标。接下来,我们将结合具体的案例,向大家展示如何运用前面所学到的知识。

第一节　贵州茅台财务报表分析

一、公司概况

贵州茅台酒股份有限公司(股票代码:600519)是根据贵州省人民政府黔府函〔1999〕291 号文《关于同意设立贵州茅台酒股份有限公司的批复》,由中国贵州茅台酒厂(集团)有限责任公司作为主发起人,联合贵州茅台酒厂技术开发公司、贵州省轻纺集体工业联社、深圳清华大学研究院、中国食品发酵工业研究院、北京市糖业烟酒公司、江苏省糖烟酒总公司、上海捷强烟草糖酒(集团)有限公司共同发起设立的股份有限公司。

公司成立于 1999 年 11 月 20 日,成立时注册资本为人民币 18 500 万元。经中国证监会证监发行字〔2001〕41 号文核准并按照财政部企〔2001〕56 号文件的批复,公司于 2001 年 7 月 31 日在上海证券交易所公开发行 7 150 万(其中,国有股存量发行 650 万股)A 股股票,公司股本总额增至 25 000 万股。2001 年 8 月 20 日,公司向贵州省工商行政管理局办理了注册资本变更登记手续,如图 7.1 所示。

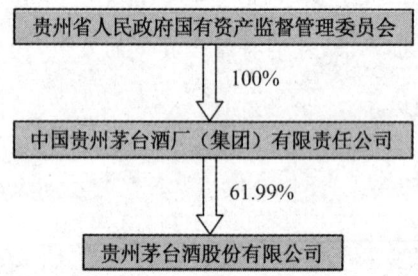

图 7.1　公司与实际控制人之间的产权及控制关系的方框图

公司主要业务是茅台酒及系列酒的生产与销售。2017 年,白酒行业进入新一轮增长期,呈现出产销稳增、效益提升、结构趋优、活力增强的良好态势,并发生一些新的积极变化。从需求端看,居民消费温和上扬,白酒消费持续升级,多元消费增长态势明显,尤其个人和商务消费增长态势强劲,成为白酒行业消费的主力军。从供给端看,名优白酒企业树品牌、提品质、优品种成效明显,引领白酒行业产量稳步增长,产销衔接良好,中高端白酒产品价量齐升,低端白酒产销稳增。白酒企业纷纷抢抓新零售机遇,积极布局电商渠道,不断深耕精耕市场。

公司是全国白酒行业领军企业。2017 年,公司呈现出经济发展贡献突出、品牌建设成果凸显、文化营销水平提升、结构调整成效显著、社会责任积极履行的特点。公司主导产品"贵州茅台酒"在国内外拥有较强的品牌影响力,

名师精品·

Gaozhigaozhuan Kuaiji Xilie

高职高专会计系列

是世界三大蒸馏名酒之一,也是集国家地理标志产品、有机食品和国家非物质文化遗产于一身的白酒品牌。

二、资产负债表项目分析

贵州茅台 2016—2017 年资本结构比重表如表 7.1 所示。

表 7.1

贵州茅台 2016—2017 年资本结构比重表

资产类	2017 年期末	2016 年期末	变动(%)	绝对值变动(亿元)
流动资产	占总资产的百分比(%)	占总资产的百分比(%)		
货币资金	65.28	59.21	6.07	210.20
拆出资金	0	0.35	−0.35	−3.90
应收票据	0.91	0.72	0.19	4.04
预付款项	0.59	0.93	−0.34	−2.55
应收利息	0.18	0.12	0.06	1.01
其他应收款	0.02	0.07	−0.05	−0.46
存货	16.39	18.26	−1.87	14.40
其他流动资产	0.03	0.21	−0.18	−1.94
流动资产合计	83.4	79.88	3.52	220.20
非流动资产				
发放委托贷款及垫款	0.02	0.05	−0.03	−0.28
可供出售金融资产	0.02	0.03	−0.01	0.00
固定资产	11.32	12.8	−1.48	7.90
在建工程	1.5	2.43	−0.93	−7.30
无形资产	2.57	3.13	−0.56	−0.73
长期待摊费用	0.13	0.17	−0.04	−0.10
递延所得税资产	1.04	1.55	−0.51	−3.44
非流动资产合计	16.6	20.12	−3.52	−3.90
资产总计	100	100	0	217.00
负债类	占总负债的百分比(%)	占总负债的百分比(%)	变动(%)	绝对值变动(亿元)
流动负债				
吸收存款及同业存放	27.11	29.1	−1.99	−3.20
应付账款	2.57	2.81	−0.24	−0.49
预收款项	37.39	47.35	−9.96	−31.10
应付职工薪酬	4.93	4.4	0.53	2.73
应交税费	20.02	11.55	8.47	34.54
应付利息	0.06	0.09	−0.03	−0.11

（续表）

负债类	占总负债的百分比 （%）	占总负债的百分比 （%）	变动 （%）	绝对值变动 （亿元）
其他应付款	7.88	4.66	3.22	13.15
流动负债合计	99.96	99.96	0	15.50
非流动负债				
专项应付款	0.04	0.04	0	0
非流动负债合计	0.04	0.04	0	0
负债合计	100	100	0	15.50
所有者权益 （或股东权益）类	占股东权益的百分比 （%）	占股东权益的百分比 （%）	变动 （%）	绝对值变动 （亿元）
实收资本(或股本)	1.31	1.65	−0.34	0.00
资本公积	1.43	1.8	−0.37	0.00
盈余公积	8.55	9.4	−0.85	10.80
一般风险准备	0.63	0.55	0.08	1.80
未分配利润	83.33	82.63	0.7	172.90
少数股东权益	4.76	3.96	0.8	15.64
股东权益合计	100	100	0	201.20

在资产构成中,2017 年公司流动资产所占比重为 83.4%,比 2016 年提高了 3.52%,2017 年非流动资产所占比重为 16.6%,比 2016 年降低了 3.52%,主要原因是货币资金占比大幅提高。

分项来看,流动资产构成中,突出的变化是货币资金所占百分比明显提高,从报表披露的信息看,主要原因是销售所收的资金大幅增加。公司不存在应收账款,只有少量应收票据,且主要是公司全资子公司贵州茅台酱香酒营销有限公司银行承兑汇票办理销售业务时增加。

此外,存货占总资产的比重较 2016 年金额有所减少。在存货构成中,在产品的比例有所增加,公司为了保证货物的充足率,工厂加紧生产,因而在产品的数量增加。而库存商品和自制半成品的比例降幅较大,这个原因很可能是企业的销售业绩好,去库存较快,如表 7.2 所示。

表 7.2

贵州茅台 2016—2017 年存货构成表

项目	2017 年期末账面价值 （元）	比重 （%）	2016 年期末账面价值 （元）	比重 （%）
原材料	2 540 335 240.39	11.52	2 857 055 031.15	13.85
在产品	9 139 440 109.05	41.43	7 304 532 804.87	35.42
库存商品	1 403 044 279.14	6.36	1 850 867 206.05	8.98
自制半成品	8 974 661 747.88	40.69	8 609 796 783.48	41.75
合　计	22 057 481 376.46	100	20 622 251 825.55	100

非流动资产构成中,发生较大变化的是固定资产和在建工程,固定资产占总资产的比例较 2016 年虽然有所降低,但是,绝对值较上年却增加了 7.9 亿元,而在建工程较上年减少了 7.3 亿元,这主要是在建工程转入的固定资产引起的,但金额相对总资产而言不大。无形资产较上年减少 0.73 亿元,表明企业的研发支出有所降低。

从负债的构成看,2017 年公司流动负债所占比重为 99.96%,与 2016 年持平,这表明公司的主要债务是以流动负债的形式存在。非流动负债可以忽略不计。

分项来看,流动负债构成中,突出的变化是预收账款所占百分比明显降低,从报表披露的信息看,主要原因是预收客户的款项减少,以及前期预收的货款已经交货所致。此外,应交税费占总负债的比重较 2016 年金额有所上升。在应交税费构成中,可以看出,应交税费的增加主要来源于增值税、消费税和企业所得税的增加。这可能与企业的经营业绩变好有关,如表 7.3 所示。

表 7.3

应交税费构成

项　　目	期末余额(元)	期初余额(元)
增值税	2 375 143 667.44	857 798 081.56
消费税	1 915 823 961.30	1 455 886 150.64
企业所得税	2 863 664 532.87	1 667 438 303.31
个人所得税	17 735 592.37	7 562 372.35
城市维护建设税	304 958 414.15	164 734 931.36
教育费附加	120 165 059.16	67 130 547.19
地方教育附加	81 746 622.35	46 391 944.44
印花税	46 365 687.44	4 483 553.04
房产税	522 814.10	853 657.12
城镇土地使用税	9 390.72	9 653.56
合　　计	7 726 135 741.90	4 272 289 194.57

此外,公司的其他应付款也有所增加,根据报表附注信息可知,这一变化主要是质保金的增加所致,如表 7.4 所示。

表 7.4

其他应付款构成

项　　目	期末余额(元)	期初余额(元)
材料质量保证金	55 106 900.72	35 758 451.20
工程质量保证金	170 508 624.49	181 576 998.77
经销商保证金	1 163 693 151.45	718 808 852.83
往来款	1 650 639 627.14	788 494 268.64
合　　计	3 039 948 303.80	1 724 638 571.44

从所有者权益的构成中,可以看到,企业的权益结构未发生较大变化。但未分配利润项目较上年增加了 172.9 亿元,这主要是企业今年的盈利带来的。

三、利润表项目分析

从利润构成中可以发现,公司 2017 年营业利润较 2016 年增加了 146 亿元,利润总额增加了 147 亿元,净利润增加了 111 亿元,净利润增加了 62.01%。这主要得益于营业利润的大幅增加,如表 7.5 所示。

表 7.5

贵州茅台 2016—2017 年利润构成

利润表项目	2017/12/31		2016/12/31		绝对值变动(亿元)
	数值(亿元)	占比(%)	数值(亿元)	占比(%)	
营业收入	582.00	100	389.00	100	193.00
营业成本	59.40	−10.2	34.10	−8.77	25.30
税金及附加	84.00	−14.44	65.10	−16.75	18.90
期间费用	76.50	−13.14	58.40	−15.01	18.10
销售费用	29.90	−5.13	16.80	−4.33	13.10
管理费用	47.20	−8.11	41.90	−10.77	5.30
财务费用	−0.56	0.1	−0.33	0.09	−0.23
资产减值损失	−0.08	0.01	0.12	−0.03	−0.20
营业利润	389.00	66.89	243.00	62.44	146.00
加:营业外收入	0.12	0.02	0.09	0.02	0.03
减:营业外支出	2.12	−0.36	3.16	−0.81	−1.04
利润总额	387.00	66.54	240.00	61.65	147.00
减:所得税	97.30	−16.72	60.30	−15.51	37.00
净利润	290.00	49.82	179.00	46.14	111.00

分项来看,2017 年营业收入较 2016 年增加 193 亿元,同比增长近 50%。分产品看,茅台酒的销售额占总收入的 90% 以上,同比增长 42.71%。其他酒类销售额占比较小,但是同比增长 171.53%,实现了高速增长。企业需要进一步巩固茅台酒的销售,同时积极开拓其他酒的销售渠道。分地区看,可以发现,企业的销售基本来源于境内消费,表明国人对茅台酒的认可。但是,海外销售却很惨淡,且增速只有 10%,说明茅台酒目前并未得到国际认可。企业想要进一步提高境外的销售额并非易事。其营业收入和营业成本构成如表 7.6 所示。

2017 年企业的营业成本比 2016 年增加了 25.3 亿元,同比增长了 74.19%。高于营业收入的增加速度。成本的增加主要来源于企业的原材料的成本上升,人工费的上升和固定资产折旧的增加。其营业成本构成如表7.7所示。

表7.6

营业收入和营业成本构成

分产品情况						
分产品	营业收入 (亿元)	营业成本 (亿元)	毛利率 (%)	营业收入 比上年增减 (%)	营业成本 比上年增减 (%)	毛利率 比上年增减 (%)
茅台酒	523.94	37.64	92.82	42.71	57.76	−0.68
其他系列酒	57.74	21.51	62.75	171.53	117.77	9.2
分地区情况						
分地区	营业收入 (亿元)	营业成本 (亿元)	毛利率 (%)	营业收入 比上年增减 (%)	营业成本 比上年增减 (%)	毛利率 比上年增减 (%)
国内	558.98	56.45	89.9	51.97	77.51	−1.45
国外	22.7	2.7	88.11	10.27	39.45	−2.49

表7.7

营业成本构成

分产品情况						
分产品	成本构 成项目	本期金额 (亿元)	本期占 总成本比例 (%)	上年同 期金额 (亿元)	上年同期 占总成本 比例(%)	本期金额较 上年同期变动 比例(%)
酒类	直接材料	34.80	58.83	19.41	57.53	79.3
	直接人工	17.66	29.86	10.28	30.48	71.75
	制造费用	4.84	8.18	2.74	8.12	76.63
	燃料及动力	1.85	3.13	1.31	3.87	41.83
	合计	59.15	100	33.73	100	75.33

税金及附加增加了18.9亿元,同比增加了29.03%。这主要与销售收入增长有关。

期间费用增加了18.1亿元,同比增长了30.99%。其中,销售费用增加了13.1亿元,占比增加了0.8%,同比增加了77.98%,表明企业的销售费用增长较快,高于销售收入的增长速度,增长的部分主要用于广告宣传和运输费用。管理费用增加了5.3亿元,占比减少了2.66%,同比增加了12.65%,这主要得益于企业对管理费用的控制,以及部分会计政策的调整。例如公司将2016年5月1日以后发生的房产税、城镇土地使用税、车船税、印花税等相关税费从"管理费用"科目调整到"税金及附加"科目核算。财务费用为负数,主要是取得的利息收入大于支出,这与目前企业的货币资金充足有关,企业存在大量的存款收入。销售费用和财务费用的构成分别如表 7.8 和表 7.9 所示。

表 7.8

销售费用的构成

项 目	本期发生额(元)	上期发生额(元)
广告宣传及市场拓展费用	2 358 822 111.68	1 256 729 460.36
运输费用及运输保险费用	237 296 464.71	142 796 201.01
营销差旅费、办公费	57 732 230.51	50 327 625.47
其他	332 217 738.09	231 198 736.06
合 计	2 986 068 544.99	1 681 052 022.90

表 7.9

财务费用的构成

项 目	本期发生额(元)	上期发生额(元)
利息收入	2 844 310 646.33	1 292 722 909.66
手续费及佣金收入	584 905.66	171 509.43
利息支出	135 187 797.06	122 961 049.54
手续费及佣金支出	75 378.00	73 593.72

此外,营业外收支金额变动较小,且占总收入的百分比也很小,表明企业的非经常性活动对企业的利润产生的影响较小。企业的利润主要来源于经营所产生的收益。

综上所述,净利润的增加主要来自营业收入的高速增长,以及企业对期间费用和税金及附加严格控制所致。

四、现金流量表分析

经营活动产生的现金流入增加了 0.9 亿元,同期增长了 0.13%,流出小计增加了 153.9 亿元,同比增长了 51.59%,经营活动产生的现金流量净额为正数,减少了 153 亿元,同比下降了 40.85%,这主要是客户存款和同业存放款项净增加额减少和存放中央银行和同业款项净增加额增加所致。其中,客户存款和同业存放款项净增加额减少主要是公司控股子公司贵州茅台集团财务有限公司归集集团公司其他成员单位资金增加额减少。存放中央银行和同业款项净增加额增加主要是公司控股子公司贵州茅台集团财务有限公司存入不可提前支取的定期银行存款及存放中央银行法定存款准备金增加。投资活动产生的现金流入小计增加了 0.15 亿元,同期增长了 266.67%,流出小计增加了 0.34 亿元,同比增长了 3.07%,投资活动产生的现金流量净额仍为负数,但是,相比 2016 年,多流出 0.18 亿元,同比净流出增加了 1.63%。企业的投资活动产生的现金流较少,对现金流的影响较小。筹资活动产生的现金流入减少了0.1亿元,同比减少了62.5%,现金流出小计比2016年多流出5.54亿元,同比多流出6.63%,筹资活动产生的现金流量净额仍然为负数,但比2016年多流出5.64亿元,同比多流出6.77%,筹资活动产生的现金流量净额变动的主要原因是分配利润和股利增加。

综上所述,可以看出企业的经营活动所产生的现金流为正数,投资活动所产生的现金流为负数,筹资活动所产生的现金流为负数。表明企业经营活动产生现金流的能力很强,融资压力较小。因为企业的投资业务较少,所以,投资所产生的现金流也较少。

以上分析如表7.10和表7.11所示。

表7.10

财务报表阅读与分析案例

现金流量表

现金流量表项目	2017/12/31 (亿元)	2016/12/31 (亿元)	绝对值增加额 (亿元)	同比增减 (%)
经营活动现金流入小计	673.70	672.80	0.90	0.13
经营活动现金流出小计	452.20	298.30	153.90	51.59
经营活动产生的现金流量净额	221.50	374.50	−153.00	−40.85
投资活动现金流入小计	0.21	0.06	0.15	266.67
投资活动现金流出小计	11.42	11.08	0.34	3.07
投资活动产生的现金流量净额	−11.21	−11.03	−0.18	1.63
筹资活动现金流入小计	0.06	0.16	−0.10	−62.50
筹资活动现金流出小计	89.05	83.51	5.54	6.63
筹资活动产生的现金流量净额	−88.99	−83.35	−5.64	6.77
现金及现金等价物净增加额	121.30	280.10	−158.80	−56.69

表7.11

贵州茅台2016—2017年现金流量表

现金流量表项目	2017/12/31 (亿元)	2016/12/31 (亿元)	绝对值增加额 (亿元)
经营活动产生的现金流量			
销售商品、提供劳务收到的现金	644.20	610.10	34.10
客户存款和同业存放款项净增加额	−3.16	48.11	−51.27
收取利息、手续费及佣金的现金	27.22	12.66	14.56
收到其他与经营活动有关的现金	5.42	1.89	3.53
经营活动现金流入小计	673.70	672.80	0.90
购买商品、接受劳务支付的现金	48.76	27.73	21.03
客户贷款及垫款净增加额	−0.28	0.42	−0.71

（续表）

现金流量表项目	2017/12/31（亿元）	2016/12/31（亿元）	绝对值增加额（亿元）
存放中央银行和同业款项净增加额	87.27	23.40	63.87
支付利息、手续费及佣金的现金	1.46	1.16	0.30
支付给职工以及为职工支付的现金	54.90	46.74	8.16
支付的各项税费	230.70	175.10	55.60
支付其他与经营活动有关的现金	29.40	23.71	5.69
经营活动现金流出小计	452.20	298.30	153.90
经营活动产生的现金流量净额	221.50	374.50	−153.00
投资活动产生的现金流量			
处置固定资产、无形资产和其他长期资产收回的现金净额	0.000 164 5	0.000 920 8	0.087 73
收到其他与投资活动有关的现金	0.21	0.06	0.16
投资活动现金流入小计	0.21	0.06	0.16
购建固定资产、无形资产和其他长期资产支付的现金	11.25	10.19	1.06
支付其他与投资活动有关的现金	0.17	0.89	−0.72
投资活动现金流出小计	11.42	11.08	0.34
投资活动产生的现金流量净额	−11.21	−11.03	−0.18
筹资活动产生的现金流量			
吸收投资收到的现金	0.06	0.16	−0.10
子公司吸收少数股东投资收到的现金	0.06	0.16	−0.10
筹资活动现金流入小计	0.06	0.16	−0.10
偿还债务支付的现金			
分配股利、利润或偿付利息支付的现金	89.05	83.51	5.54
子公司支付给少数股东的股利、利润	3.79	5.32	−1.53
筹资活动现金流出小计	89.05	83.51	5.54
筹资活动产生的现金流量净额	−88.99	−83.35	−5.64
汇率变动对现金及现金等价物的影响	0.00	0.00	0.00
现金及现金等价物净增加额	121.30	280.10	−158.80
加：期初现金及现金等价物余额	627.90	347.80	280.10
期末现金及现金等价物余额	749.30	627.90	121.40

注解：

（1）客户存款和同业存放款项净增加额减少主要是公司控股子公司贵州茅台集团财务有限公司归集集团公司其他成员单位资金增加额减少。

（2）收取利息、手续费及佣金的现金增加主要是公司控股子公司贵州茅台集团财务有限公司利息收入增加。

（3）收到其他与经营活动有关的现金增加主要是公司控股子公司贵州茅台酒销售有限公司收取经销商保证金。

（4）购买商品、接受劳务支付的现金增加主要是本期采购的原辅材料增加及使用银行承兑汇票办理采购业务减少。

（5）客户贷款及垫款净增加额减少主要是公司控股子公司贵州茅台集团财务有限公司收回集团成员单位贷款。

（6）存放中央银行和同业款项净增加额增加主要是公司控股子公司贵州茅台集团财务有限公司存入不可提前支取的定期银行存款及存放中央银行法定存款准备金增加。

（7）支付的各项税费增加主要是本期实现税费较上期增加及支付年初应交税金。

（8）经营活动产生的现金流量净额减少主要是存放中央银行和同业款项净增加额及支付的各项税费等增加。

（9）处置固定资产、无形资产和其他长期资产收回的现金净额减少主要是本期收到固定资产报废残值较上期少。

（10）收到其他与投资活动有关的现金增加主要是公司控股子公司贵州茅台酒销售有限公司新增非同一控制下合并企业。

（11）支付其他与投资活动有关的现金减少主要是本期退付的基本建设履约保证金较上期少。

（12）吸收投资收到的现金减少主要是公司控股子公司贵州茅台酒销售有限公司投资设立子公司收到少数股东投资款较上期少。

（13）现金及现金等价物净增加额减少主要是经营活动产生的现金流量净额减少。

五、财务指标分析

（一）偿债能力分析

2017 年公司的资产负债率只有 28.67%，比 2016 年降低了近 4%，相比于其他企业而言，资产负债率较低，长期偿债能力较强。此外，流动比率和速动比率均大于 2，且 2017 年流动比率和速动比率均高于 2016 年，表明企业用于偿还短期债务的能力增强。此外，企业的流动负债占总负债的比率均接近100%，表明企业以短期债务为主，长期负债可忽略不计。这与企业的经营活动产生的现金流较充足有关，企业不需要依靠长期借债来补充现金流。融资成本相对较低。总体而言，公司的长期和短期偿债能力都有所增强，债务风险较低。公司的偿债能力指标如表 7.12 所示。

表 7.12

偿债能力指标

财务指标	2017/12/31	2016/12/31	2015/12/31
资产负债率（%）	28.67	32.79	23.25
流动负债/总负债（%）	99.96	99.96	99.92
流动比率	2.91	2.44	3.24
速动比率	2.34	1.88	2.34

（二）营运能力分析

总资产的周转率由 2016 年的 0.4 增加到 0.49，增长了 22.5％。表明企业的总资产的利用效率有所上升。由于公司不存在应收账款，因而没有应收账款周转率。一直以来，公司的应收账款金额都比较小，因为企业的商品大部分是现销。存货的周转天数由 2 039.35 天，下降到 1 293.23 天，且近 3 年保持了下降的趋势，表明存货的周转周期缩短，周转速度加快，可以间接说明企业的产品很受市场欢迎。总体而言，与上年相比，企业的营运能力增强了，如表 7.13 所示。

表 7.13

营运能力指标

营运能力指标	2017/12/31	2016/12/31	2015/12/31
总资产周转率（次）	0.49	0.4	0.44
应收账款周转天数（天）	—	0	0.03
存货周转天数（天）	1 293.23	2 039.35	2 339.81

（三）盈利能力分析

2017 年企业的毛利率下降了 1.43％，净利率增加了 3.68％，通过对利润表项目的分析，可知，企业的营业成本增长过快，导致毛利率下降，而由于期间费用的严格控制，使得净利率有所上升。

企业的净资产收益率和总资产收益率较 2015 年和 2016 年均有所上升，表明企业的资产的盈利能力增强。

综上所述，可以看出 2017 年企业的盈利能力较上年有所增强，如表 7.14 所示。但是，需要进一步关注毛利率的变化，严格控制成本或者提高企业的销售价格，使企业保持较高的盈利能力。

表 7.14

盈利能力指标

盈利能力指标	2017/12/31	2016/12/31	2015/12/31
加权净资产收益率（％）	32.95	24.44	26.23
总资产收益率（％）	23.44	18	21.63
毛利率（％）	89.8	91.23	92.23
净利率（％）	49.82	46.14	50.38

（四）企业成长能力分析

近 3 年企业的营业收入、毛利润、净利润都在增加，其中，2017 年的营业收入较上年增加了 51.99％，净利润增加了 62.28％，且近 3 年一直保持增长的趋势。由此可以看出，企业的成长能力良好，如表 7.15 所示。

表7.15

成长能力指标

成长能力指标	2017/12/31	2016/12/31	2015/12/31
营业总收入(亿元)	611	402	334
毛利润(亿元)	439	289	267
归属净利润(亿元)	271	167	155
营业收入增长率(%)	52.07	20.06	3.82
净利润增长率(%)	61.97	7.84	1

综合以上指标分析,可以看出,企业的经营状况较上年都有了较大提高,无论偿债能力还是营运能力、盈利能力和成长性,都较上年有所提高。近几年白酒行业的景气度很高,企业作为酒类行业的龙头,尤为受益。当然,这与企业的良好管理也是分不开的。

第二节　海康威视财务报表分析

一、公司概况

海康威视(股票代码:002415)是全球领先的以视频为核心的物联网解决方案提供商,致力于不断提升视频处理技术和视频分析技术,面向全球提供领先的监控产品和技术解决方案。海康威视的营销及服务网络覆盖全球,目前在中国大陆34个城市已设立分公司,在中国香港、美国洛杉矶和印度也已设立了全资和合资子公司,并正在全球筹建更多的分支机构。

海康威视是领先的安防产品及行业解决方案提供商,致力于不断提升视频处理技术和视频分析技术,面向全球提供领先的安防产品、专业的行业解决方案与优质的服务,为客户持续创造更大价值。

海康威视拥有业内领先的自主核心技术和可持续研发能力,提供摄像机/智能球机、光端机、DVR/DVS/板卡、BSV液晶拼接屏、网络存储、视频综合平台、中心管理软件等安防产品,并针对金融、公安、电讯、交通、司法、教育、电力、水利、军队等众多行业提供合适的细分产品与专业的行业解决方案。这些产品和方案面向全球100多个国家和地区,在北京奥运会、大运会、亚运会、上海世博会、60年国庆大阅兵、青藏铁路等重大安保项目中得到广泛应用。

公司的营销及服务网络覆盖全球,在中国大陆33个城市已设立分公司,在洛杉矶、中国香港、阿姆斯特丹、孟买、圣彼得堡和迪拜也已设立了全资或控股子公司,并将在南非、巴西等地设立分支机构。并在全国设立渠道代理商。持续快速发展的海康威视,已获得了行业内外的普遍认可。公司连续5年(2007—2011)以中国安防第1位的身份入选《A&S》"全球安防50强";2011

年名列 IMS 全球视频监控企业第 4 位，2012 年名列 IMS 全球视频监控企业第 1 位；DVR 企业第 1 位；连年入选"国家重点软件企业""中国软件收入前百家企业"。

"专业、厚实、诚信、持续创新"的海康威视，以人人轻松享有安全的品质生活为愿景，矢志成为受人尊敬的、全球卓著的专业公司和安防行业的领跑者。

二、资产负债表项目分析

海康威视 2016—2017 年资本结构比重表如表 7.16 所示。

表 7.16

海康威视 2016—2017 年资本结构比重表

资产类	2017 年期末	2016 年期末	变动	同比增长
流动资产	占总资产的百分比	占总资产的百分比		
货币资金	31.94%	32.99%	−1.05%	20.75%
以公允价值计量且其变动计入当期损益的金融资产	0.01%	0.04%	−0.03%	−73.63%
应收票据	7.05%	6.88%	0.17%	27.93%
应收账款	28.52%	27.18%	1.34%	30.87%
预付款项	1.02%	0.67%	0.35%	89.10%
其他应收款	1.13%	1.28%	−0.15%	10.42%
存货	9.58%	9.26%	0.32%	28.98%
其他流动资产	7.21%	10.05%	−2.84%	−10.45%
流动资产合计	86.58%	88.34%	−1.76%	22.23%
非流动资产	0.00	0.00	0.00	
可供出售金融资产	0.56%	0.69%	−0.13%	1.30%
长期应收款	0.05%	0.61%	−0.56%	−90.71%
长期股权投资	0.25%	0.08%	0.17%	272.86%
固定资产	5.86%	6.90%	−1.04%	5.96%
在建工程	2.78%	0.77%	2.01%	353.71%
无形资产	0.83%	0.99%	−0.16%	4.56%
商誉	0.48%	0.60%	−0.12%	0.24%
递延所得税资产	0.93%	0.91%	0.02%	27.66%
其他非流动资产	1.67%	0.10%	1.57%	1 994.63%
非流动资产合计	13.42%	11.66%	1.76%	43.65%
资产总计	100.00%	100.00%	0.00	24.72%

（续表）

负债类	占总负债的百分比	占总负债的百分比	变动	同比增长
流动负债			0.00	
短期借款	0.46%	0.19%	0.27%	200.74%
以公允价值计量且其变动计入当期损益的金融负债	0.08%	0.41%	−0.33%	−77.15%
应付票据	4.03%	5.20%	−1.17%	−3.58%
应付账款	47.88%	41.55%	6.33%	43.24%
预收款项	2.72%	2.78%	−0.06%	21.46%
应付职工薪酬	6.63%	6.43%	0.20%	28.20%
应交税费	6.93%	7.15%	−0.22%	20.56%
应付股利	0.45%	0.12%	0.33%	371.71%
其他应付款	1.92%	6.22%	−4.30%	−61.69%
一年内到期的非流动负债	7.37%	0.09%	7.28%	9 978.23%
其他流动负债	3.55%	1.78%	1.77%	148.03%
流动负债合计	82.05%	71.93%	10.12%	41.80%
非流动负债				
长期借款	2.34%	10.21%	−7.87%	−71.54%
应付债券	14.88%	17.51%	−2.63%	5.65%
长期应付款	0.01%	0.04%	−0.03%	−65.19%
预计负债	0.30%	0.25%	0.05%	50.42%
递延收益	0.42%	0.06%	0.36%	721.14%
非流动负债合计	17.95%	28.07%	−10.12%	−20.50%
负债合计	100.00%	100.00%	0.00	24.30%
所有者权益（或股东权益）	占股东权益的百分比	占股东权益的百分比	变动	同比增长
实收资本（或股本）	30.16%	24.93%	5.23%	51.22%
资本公积	5.94%	4.28%	1.66%	73.57%
库存股	2.43%	1.23%	1.2%	148.03%
盈余公积	11.39%	10.68%	0.71%	33.23%
未分配利润	49.27%	58.09%	−8.82%	11.71%
少数股东权益	0.80%	0.79%	0.01%	27.59%
股东权益合计	100.00%	100.00%	0.00	25.00%

名师精品·

Gaozhigaozhuan Kuaiji Xilie
高职高专会计系列

在资产构成中,公司 2017 年流动资产所占比重为 86.58%,比 2016 年(88.34%)下降了 1.76%,总体而言,公司的流动资产与非流动资产的比重变化不大。此外,从各资产占总资产的比重变化看,变动幅度均在 3% 以内。表明企业在资产配置时,保持了较稳定的结构。

分项来看,流动资产构成中,货币资金、应收账款和存货占总资产的比重比较大,分别占总资产的 31.94%、28.52%、9.58%。其中,与 2016 年相比,货币资金增长了 20.75%,主要原因是销售回款的增加。应收账款增长了 30.87%,主要原因是随销售收入增长而增长,存货增长了 28.98%,在存货构成中,库存商品和原材料的增幅较大,主要原因是销售增长和备货增加。海康威视 2016—2017 年存货构成如表7.17所示。

表 7.17

海康威视 2016—2017 年存货构成表

项　　目	年末余额		年初余额	
	账面价值（亿元）	占比	账面价值（亿元）	占比
原材料	12.75	25.80%	8.73	22.79%
在产品	1.97	3.99%	1.60	4.18%
库存商品	34.08	68.97%	25.94	67.73%
建造合同形成的已完工未结算资产	0.61	1.23%	2.03	5.30%
合　　计	49.41	100.00%	38.30	100.00%

非流动资产构成中,固定资产、在建工程占总资产的比重比较大,分别占总资产的 5.86%、2.78%。其中,与 2016 年相比,固定资产增长了 5.96%,金额变动不大。在建工程增长了 353.71%,主要原因是互联网视频产业基地和安防产业基地(桐庐)项目二期等项目的建设投入。另外,长期股权投资较2016 年同期增长了 272.86%,主要原因是对联营企业投资增加。

从负债的构成看,2017 年公司流动负债所占比重为 82.05%,与 2016 年相比,流动负债占总负债的比重增长了 10.12%,非流动负债占总负债的比重降低了 10.12%。主要原因是应付账款、其他应付款、一年内到期的非流动负债、长期借款和应付债券占总负债的比重发生较大变化导致的。

从分项来看,流动负债构成中,应付账款、应付职工薪酬、应交税费占总负债的比重比较大,分别占总负债的 47.88%、6.63% 和 6.93%。其中,与2016 年相比,应付账款增长了 43.24%,主要原因是采购金额增加。应付职工薪酬增长了 28.20%,主要原因是员工数增加和工资薪金的提高。应交税费增长了 20.56%,在应交税费构成中,可以看出,应交税费的增加主要是增值税和企业所得税的增加。这可能与企业的经营业绩变好有关。应交税费构成如表 7.18 所示。

表 7.18

应交税费构成

项 目	年末余额(元)	年初余额(元)
企业所得税	1 099 786 533.85	898 545 866.96
增值税	281 447 062.92	229 179 164.71
城市维护建设税	19 789 046.85	28 164 970.24
教育费附加	8 501 502.81	15 154 496.86
地方教育附加	5 666 165.96	8 216 807.76
其他	38 324 753.38	26 449 415.69
合 计	1 453 515 065.77	1 205 710 722.22

此外,公司的其他应付款也有所减少,根据报表附注信息可知,这一变化主要是集团收到的 2016 年股权激励的限制性股票出资额人民币 660 888 216.54 元尚未完成股票登记导致的,如表 7.19 所示。

表 7.19

其他应付款构成

项 目	年末余额(元)	年初余额(元)
押金保证金	145 730 079.74	110 171 087.75
代收代付款	87 921 755.93	85 903 121.17
预提费用	149 359 652.21	127 849 041.50
其他应付费用	18 849 590.79	64 353 240.48
股权激励款(注)		660 888 216.54
合 计	401 861 078.67	1 049 164 707.44

从所有者权益的构成中,可以看到,实收资本占所有者权益的比重增加了 5.23%,原因是在报告期内,公司获准向 2 936 名激励对象增发人民币普通股股票所致。未分配利润占所有者权益的比重降低了 8.82%,原因是根据公司 2017 年 5 月 4 日召开的 2016 年年度股东大会决议,公司以权益分派当日公司总股本为基数,向全体股东每 10 股派发现金红利人民币 6 元(含税)、送红股 5 股,剩余未分配利润全部结转以后年度分配。

三、利润表项目分析

从利润构成中可以发现,公司 2017 年营业利润较 2016 年增加了 35.7 亿元,利润总额增加了 21.9 亿元,净利润增加了 19.6 亿元,同比增长了 26.4%,如表 7.20 所示。

表 7.20

海康威视 2016—2017 年利润构成

项　目	2017/12/31		2016/12/31		绝对值变动（亿元）
	数值（亿元）	占比	数值（亿元）	占比	
营业收入	419	100%	319	100%	100
营业成本	235	−56%	187	−58%	48
税金及附加	3.71	−1%	2.55	−1%	1.16
期间费用	89	−21%	58.8	−18%	30.2
销售费用	44.3	−11%	29.9	−9%	14.4
管理费用	42.1	−10%	31.1	−10%	11
财务费用	2.65	−1%	−2.25	1%	4.9
资产减值损失	4.85	−1%	3.18	−1%	1.67
公允价值变动损益	0.42	0	−0.4	0	0.82
投资收益	0.45	0	0.4	0	0.05
营业利润	104	25%	68.3	21%	35.7
加：营业外收入	0.47	0	15.1	5%	−14.63
减：营业外支出	0.03	0	0.3	0	−0.27
利润总额	105	25%	83.1	26%	21.9
减：所得税	11.1	−3%	8.9	−3%	2.2
净利润	93.8	22%	74.2	23%	19.6

从分项来看，2017 年营业收入较 2016 年增加 100 亿元，同比增长近 31.35%。从分产品看，前端产品销售收入最高，且增长率为 32.8%，增长较快。另外工程施工和智能家居业务均实现了较快增长，分别达到了 75.06% 和 114.87%。从分地区看，境内销售占总收入的 70.78%，境外销售占总收入的 29.22%，由此可以看出，目前公司的主要营业收入还是来自境内。不过，与 2016 年相比，境内和境外均实现了 30% 以上的销售增长。未来境外业务的拓展将是企业收入增长的重要动力。其营业收入的构成如表 7.21 所示。

表 7.21

营业收入的构成

	2017 年		2016 年		同比增减
	金额（元）	占营业收入比重	金额（元）	占营业收入比重	
营业收入合计	41 905 476 572.07	100.00%	31 934 544 088.82	100.00%	31.22%
分产品					
前端产品	21 090 230 299.49	50.33%	15 881 528 158.70	49.73%	32.80%
后端产品	6 151 038 063.70	14.68%	5 197 388 761.80	16.28%	18.35%

（续表）

	2017 年		2016 年		同比增减
	金额(元)	占营业收入比重	金额(元)	占营业收入比重	
中心控制产品	5 073 899 931.95	12.11%	3 988 683 952.14	12.49%	27.21%
工程施工	2 540 799 165.58	6.06%	1 451 424 275.00	4.54%	75.06%
其他	5 394 298 987.25	12.87%	4 757 562 355.69	14.90%	13.38%
小计	40 250 266 447.97	96.05%	31 276 587 503.33	97.94%	28.69%
智能家居业务	1 090 629 830.13	2.60%	507 566 718.33	1.59%	114.87%
其他创新业务	564 580 293.97	1.35%	150 389 867.16	0.47%	275.41%
小计	1 655 210 124.10	3.95%	657 956 585.49	2.06%	151.57%
分地区					
境内	29 661 186 316.32	70.78%	22 574 159 436.75	70.69%	31.39%
境外	12 244 290 255.75	29.22%	9 360 384 652.07	29.31%	30.81%

2017 年营业成本较 2016 年增加了 48 亿元,同比增长近 25.67%。从分产品看,前端产品占比较高,同比增长较快,这与营业收入的增长相关。另外工程施工和智能家居业务对应的成本也增长较快,分别达到了 71.66% 和 114.86%,与营业收入的增长相对应。其营业成本的构成如表 7.22 所示。

表 7.22

营业成本的构成

产品分类	项目	2017 年		2016 年		同比增减
		金额(元)	占营业成本比重	金额(元)	占营业成本比重	
前端产品	营业成本	10 354 906 543.30	44.12%	8 186 413 345.14	43.89%	26.49%
后端产品	营业成本	3 164 186 804.35	13.48%	2 705 461 109.51	14.50%	16.96%
中心控制产品	营业成本	2 320 570 446.43	9.89%	2 069 135 295.77	11.09%	12.15%
工程施工	营业成本	2 280 617 025.82	9.72%	1 328 601 510.98	7.12%	71.66%
其他	营业成本	4 293 560 908.63	18.30%	3 965 672 628.93	21.26%	8.27%
小计	营业成本	22 413 841 728.53	95.51%	18 255 283 890.33	97.86%	22.78%
智能家居业务	营业成本	708 022 298.25	3.02%	329 534 759.28	1.77%	114.86%
其他创新业务	营业成本	345 446 563.98	1.47%	67 888 505.95	0.37%	408.84%
小计	营业成本	1 053 468 862.23	4.49%	397 423 265.23	2.14%	165.07%

期间费用总共增加了 30.2 亿元,其中,销售费用增加了 14.4 亿元,同比增长 48.2%,管理费用增加了 11 亿元,同比增长 35.37%,财务费用增加了 4.9 亿元,同比增长 217.8%。通过期间费用构成表,并结合报表附注可知,销售费用的增加主要是公司为了完善营销网络,增加人员投入导致的。管理费

用的增加主要是公司经营规模扩大,研发投入增加导致的。财务费用的增加主要是汇兑损失增加导致的,如表 7.23 至表 7.26 所示。

表 7.23

期间费用的构成

项　目	2017 年	2016 年	同比增减
销售费用(元)	4 430 220 065.13	2 991 273 819.81	48.10%
管理费用(元)	4 205 437 565.45	3 109 309 837.05	35.25%
财务费用(元)	265 411 287.66	−225 305 567.12	217.80%

表 7.24

销售费用的构成

项目	本年发生额(元)	上年发生额(元)
职工薪酬	2 059 369 959.77	1 332 043 554.70
销售服务费	726 810 426.94	501 175 676.22
运输、交通、车辆杂费	524 069 679.12	380 955 773.46
业务宣传费	262 986 005.02	178 161 704.10
差旅费	237 314 257.81	145 061 251.90
办公费	170 953 756.11	129 539 773.52
业务招待费	125 379 736.40	105 803 110.64
租赁费	114 093 486.77	73 763 291.06
折旧	71 891 477.67	59 486 700.85
其他	137 351 279.52	85 282 983.36
合计	4 430 220 065.13	2 991 273 819.81

表 7.25

管理费用的构成

项目	本年发生额(元)	上年发生额(元)
研究开发支出	3 194 223 108.16	2 433 400 645.23
职工薪酬	603 359 766.87	353 729 140.02
办公费	94 520 352.22	58 759 816.15
折旧与摊销	65 761 526.31	54 607 108.23
差旅费	62 187 444.48	26 677 546.75
租赁物业费	37 430 367.92	22 794 345.33
中介费	27 989 898.95	55 076 770.55
运输、交通、水电杂费	31 626 528.25	27 867 121.19
业务招待费	13 092 056.07	8 543 977.49
其他	75 246 516.22	67 853 366.11
合计	4 205 437 565.45	3 109 309 837.05

表 7.26

财务费用的构成

项目	本年发生额(元)	上年发生额(元)
利息支出	144 540 387.42	143 818 481.09
减:利息收入	270 155 908.15	184 541 375.93
汇兑差额	685 439 581.63	−301 689 249.60
减:已资本化的专门借款利息和专门借款产生的汇兑差额	311 771 511.91	−105 000 000.00
其他	17 358 738.67	12 106 577.32
合计	265 411 287.66	−225 305 567.12

此外,营业外支出金额变动较小,营业外收入减少了 14.63 亿元,主要原因是增值税超税负返还、专项补助款和税收返还减少所致,如表 7.27 所示。

表 7.27

营业外收入构成

项目	本年发生额(元)	上年发生额(元)
增值税超税负返还		1 319 545 019.54
专项补助款	9 456 852.87	151 794 448.39
税费返还	5 032 729.51	19 526 639.92
罚没收入	28 955 431.80	11 819 624.33
其他	3 284 236.45	8 036 040.87
合计	46 729 250.63	1 510 721 773.05

综上所述,净利润的增加主要来自营业收入的高速增长,以及企业营业成本的严格控制所致。

四、现金流量表分析

经营活动产生的现金流入增加了 96.4 亿元,同期增长了 26.98%,流出小计增加了 84.9 亿元,同比增长了 28.74%,经营活动产生的现金流量净额为正数,增加了 11.57 亿元,同比增长了 18.61%,变动的主要原因是销售回款增加;投资活动产生的现金流入小计增加了 53.49 亿元,同期增长了 105.44%,流出小计增加了 31.76 亿元,同比增长了 37.52%,投资活动产生的现金流量净额仍为负数,但是,相比 2016 年,少流出 21.74 亿元,同比净流出减少了 64.27%。投资活动产生的现金流量净额变动的主要原因是本期保本理财产品到期净收回金额增加。筹资活动产生的现金流入减少了 48.37 亿元,同比减少了 57.04%,流出小计比 2016 年少流出 9.93 亿元,同比少流出了 12.35%,筹资活动产生的现金流量净额由 2016 年的正数转为负数,总共减少了 38.448 亿元,同比减少了 868.24%,筹资活动产生的现金流量净额变动的主要原因是上期发行欧元债券,本期未有类似的筹资活动。

以上分析如表 7.28 和表 7.29 所示。

表 7.28

现金流量表

项目	2017 年(元)	2016 年(元)	同比增减
经营活动现金流入小计	45 403 833 925.46	35 756 663 658.06	26.98%
经营活动现金流出小计	38 030 673 674.78	29 540 299 016.01	28.74%
经营活动产生的现金流量净额	7 373 160 250.68	6 216 364 642.05	18.61%
投资活动现金流入小计	10 418 044 681.02	5 071 127 419.52	105.44%
投资活动现金流出小计	11 626 742 349.71	8 454 293 960.61	37.52%
投资活动产生的现金流量净额	−1 208 697 668.69	−3 383 166 541.09	64.27%
筹资活动现金流入小计	3 642 688 936.06	8 480 182 623.37	−57.04%
筹资活动现金流出小计	7 044 435 588.93	8 037 387 072.16	−12.35%
筹资活动产生的现金流量净额	−3 401 746 652.87	442 795 551.21	−868.24%
现金及现金等价物净增加额	2 506 847 571.89	3 488 868 947.09	−28.15%

表 7.29

海康威视 2016—2017 年现金流量表

现金流量表项目	2017/12/31 (亿元)	2016/12/31 (亿元)	绝对值增加额 (亿元)
经营活动产生的现金流量			
销售商品、提供劳务收到的现金	421.4	326.8	94.6
收到的税费返还	27.34	25.92	1.42
收到其他与经营活动有关的现金	5.339	4.896	0.443
经营活动现金流入小计	454	357.6	96.4
购买商品、接受劳务支付的现金	256.3	208.9	47.4
支付给职工以及为职工支付的现金	50.37	34.1	16.27
支付的各项税费	35.58	29.16	6.42
支付其他与经营活动有关的现金	38.01	23.21	14.8
经营活动现金流出小计	380.3	295.4	84.9
经营活动产生的现金流量净额	73.73	62.16	11.57
投资活动产生的现金流量			
收回投资收到的现金	103	49.9	53.1
取得投资收益收到的现金	0.312 9	0.487 7	−0.174 8

（续表）

现金流量表项目	2017/12/31（亿元）	2016/12/31（亿元）	绝对值增加额（亿元）
处置固定资产、无形资产和其他长期资产收回的现金净额	0.230 9	0.194	0.036 9
收到其他与投资活动有关的现金	0.633 6	0.134	0.499 6
投资活动现金流入小计	104.2	50.71	53.49
购建固定资产、无形资产和其他长期资产支付的现金	16.92	9.114	7.806
投资支付的现金	99.21	73.35	25.86
取得子公司及其他营业单位支付的现金净额	0	1.725	−1.725
支付其他与投资活动有关的现金	0.135	0.35	−0.215
投资活动现金流出小计	116.3	84.54	31.76
投资活动产生的现金流量净额	−12.09	−33.83	21.74
筹资活动产生的现金流量			
吸收投资收到的现金	0.920 9	2.473	−1.552 1
子公司吸收少数股东投资收到的现金	0.920 9	2.473	−1.552 1
取得借款收到的现金	35.51	46.69	−11.18
发行债券收到的现金	0	29.03	−29.03
收到其他与筹资活动有关的现金	0	6.609	−6.609
筹资活动现金流入小计	36.43	84.8	−48.37
偿还债务支付的现金	32.06	51.05	−18.99
分配股利、利润或偿付利息支付的现金	38	29.31	8.69
子公司支付给少数股东的股利、利润	0.030 63	0	0.030 63
支付其他与筹资活动有关的现金	3 845	0.016 03	3 844.984
筹资活动现金流出小计	70.44	80.37	−9.93
筹资活动产生的现金流量净额	−34.02	4.428	−38.448
汇率变动对现金及现金等价物的影响	−2.559	2.129	−4.688
现金及现金等价物净增加额	25.07	34.89	−9.82
加：期初现金及现金等价物余额	135.2	100.3	34.9
期末现金及现金等价物余额	160.3	135.2	25.1

综上所述，可以看出企业的经营活动所产生的现金流为正数，投资活动所产生的现金流为负数，筹资活动所产生的现金流为负数，总现金净流量为正数。表明企业的经营活动产生现金流的能力很强，企业的现金流充沛，不需要通过筹资增加现金流。虽然企业的投资活动净额为负数，但是，较上期流出金

额减少,表明企业的投资回收了一部分现金流。

五、财务指标分析

(一) 偿债能力分析

2017 年公司的资产负债率为 40.66%,与 2016 年基本持平,但高于 2015 年的 36.35%,这与公司规模扩张,借债有关。但 40% 左右的资产负债率对公司而言不算高,表明企业的长期偿债能力较强。公司的流动比率和速动比率均大于 2,与 2015 年相当,但是,低于 2016 年,表明企业的短期流动性降低,对于公司而言这个比例还算高,企业的短期流动性较强。总体而言,公司的长期和短期偿债能力均较强,债务风险较低。偿债能力指标如表 7.30 所示。

表 7.30

偿债能力指标

财务指标	2017/12/31	2016/12/31	2015/12/31
资产负债率	40.66%	40.77%	36.35%
流动负债/总负债	82.04%	71.89%	93.24%
流动比率	2.6%	3.01%	2.6%
速动比率	2.31%	2.7%	2.32%

(二) 营运能力分析

2017 年总资产的周转率由 2016 年的 0.89 增加到 0.9,变化不大,表明企业的总资产的利用效率变化不大,但是相对 2015 年而言,企业的总资产周转率下降了约 8%,这与企业的总资产扩张有关。应收账款周转天数从 2015 年 88.37 天一直上升到 2017 年的 111.46 天,增加了近 30%,表明企业的应收账款的回收正在恶化,企业应当加强应收账款的回收,降低应收账款的账期。存货的周转天数由 2015 年 60.77 天上升到 67.23 天,增加了 11%,且近 3 年一直有上升的趋势,表明存货的周转周期在扩大,企业需要加强存货的管控。营运能力指标如表 7.31 所示。

表 7.31

营运能力指标

营运能力指标	2017/12/31	2016/12/31	2015/12/31
总资产周转率(次)	0.9	0.89	0.98
应收账款周转天数(天)	111.46	109.21	88.37
存货周转天数(天)	67.23	64.12	60.77

(三) 盈利能力分析

企业的毛利率从 2015 年的 40.1% 上升到 2017 年的 44%,毛利率增加了 10%,且一直保持增长的趋势。从产品分类看,前端产品和中心控制产品对企业毛利率的提高产生了重要的作用。从地区分类看,境内产品的毛利率提升了 2.92%,境外的毛利率提升了 1.19%,境内毛利率提升高于境外。毛利率结构如表 7.32 所示。

表 7.32

毛利率结构

	毛利率	与上年同期增减
前端产品	50.90%	2.45%
后端产品	48.56%	0.61%
中心控制产品	54.26%	6.14%
工程施工	10.24%	1.78%
其他	20.41%	3.76%
小计	44.31%	2.68%
智能家居业务	35.08%	0.01%
其他创新业务	38.81%	−16.04%
小计	36.35%	−3.25%
境内	42.02%	2.92%
境外	48.79%	1.19%

企业的总资产收益率较 2016 年有所下降,表明企业资产的盈利能力降低,但是降幅并不大。这与今年企业加大了很多项目投资有关。

综上所述,可以看出 2017 年企业的盈利能力较上年有所增强。但是,需要进一步关注净资产和总资产的收益率的变化,严格控制企业的经营规模,提高企业的资产的盈利能力。盈利能力指标如表 7.33 所示。

表 7.33

盈利能力指标

盈利能力指标	2017/12/31	2016/12/31	2015/12/31
加权净资产收益率	34.96%	34.56%	35.28%
总资产收益率	20.19%	20.71%	22.8%
毛利率	44%	41.58%	40.1%
净利率	22.38%	23.24%	23.28%

(四) 企业成长能力分析

近 3 年企业的营业收入、毛利润、净利润都保持了较快增长,其中,2017 年的营业收入较上年增加了 31.35%,净利润增加了 26.82%,由此可以看出,企业的成长能力良好,如表 7.34 所示。

表 7.34

成长能力指标

成长能力指标	2017/12/31	2016/12/31	2015/12/31
营业总收入(亿元)	419	319	253
毛利润(亿元)	181	130	99.4
归属净利润(亿元)	94.1	74.2	58.7
营业收入增长率	31.22%	26.32%	46.64%
净利润增长率	26.77%	26.46%	25.8%

综合以上指标分析,可以看出,企业的经营状况较上年都有了较大提高,无论偿债能力还是营运能力、盈利能力和成长性,都较上年有所提高。企业作为安防行业的龙头,市场占有率一直在提升,且公司积极创新,拓展业务范围,并积极开发海外业务,取得了较出色的业绩。

第三节 东方财富财务报表分析

一、公司概况

东方财富信息股份有限公司(股票代码:300059)前身系上海东财信息技术有限公司,2007 年 12 月 20 日改制为股份有限公司,2008 年 1 月 7 日由上海东财信息技术股份有限公司更名为东方财富信息股份有限公司。

东方财富网通过网站平台和各专业频道提供专业的、及时的、海量的资讯信息,满足广大互联网用户对财经资讯和金融信息的需求,同时提供财经互动社区平台,满足用户互动交流和体验分享需求。

东方财富网凭借权威、全面、专业、及时的优势,已成为中国乃至全球访问量最大、影响力最大的财经门户网站,在多项权威调查和统计数据中位居中国财经网站第 1 位。根据 iUserTracker 公布的数据显示,在有效浏览时间、核心流量价值以及日均覆盖人数等关键指标方面,东方财富网均遥遥领先,行业优势十分明显。根据 iResearch 艾瑞咨询推出的网民连续用户行为研究系统 iUserTracker 最新数据显示,东方财富网日均覆盖人数具有较大的领先优势,东方财富网有效浏览时间仍然保持大幅领先优势,占垂直财经网站总有效浏览时间的 43.8%,进一步扩大了市场份额。

东方财富网始终坚持网站内容的权威性和专业性,打造中国财经航母。网站内容涉及财经、股票、基金、期货、债券、外汇、银行、保险等诸多金融资讯与财经信息,全面覆盖财经领域,每日更新上万条最新数据及资讯,为用户提供便利的查询。网站全体员工以"没有休息日、新闻不过夜"作为工作口号,保证让广大用户在第一时间内尽览天下财经及理财资讯。东方财富网从用户需求出发，打造中国最大、最火爆的互动平台，深受用户喜爱。

二、资产负债表项目分析

东方财富 2016—2017 年资本结构比重表如表 7.35 所示。

表 7.35

东方财富 2016—2017 年资本结构比重表

资产类	2017 年期末	2016 年期末	变动	同比增长
流动资产	占总资产的百分比	占总资产的百分比		
货币资金	28.87%	35.92%	−7.05%	24.61%
结算备付金(1)	5.58%	7.67%	−2.09%	12.75%
拆出资金(2)	23.53%	15.76%	7.77%	131.44%
以公允价值计量且其变动计入当期损益的金融资产	6.38%	4.34%	2.04%	127.73%
应收账款	0.79%	1.03%	−0.24%	19.01%
预付款项	0.14%	0.25%	−0.11%	−16.01%
应收利息	0.44%	0.22%	0.22%	211.71%
其他应收款	5.49%	6.22%	−0.73%	36.69%
买入返售金融资产(3)	13.07%	4.49%	8.58%	350.78%
存货	0.34%	0.50%	−0.16%	5.41%
其他流动资产	0.82%	2.06%	−1.24%	−38.56%
流动资产合计	86.85%	80.21%	6.64%	67.85%
非流动资产				
发放委托贷款及垫款	0.01%	0	0.01%	
可供出售金融资产	0.22%	0.36%	−0.14%	−6.84%
长期股权投资	0.98%	1.13%	−0.15%	34.21%
固定资产	4.21%	6.60%	−2.39%	−1.12%
在建工程	0.10%	0.11%	−0.01%	49.79%
无形资产	0.17%	0.25%	−0.08%	1.36%
商誉	7.01%	10.86%	−3.85%	0.00
长期待摊费用	0.19%	0.14%	0.05%	103.89%
递延所得税资产	0.28%	0.19%	0.09%	126.75%
其他非流动资产	0	0.14%	−0.14%	−100.00%
非流动资产合计	13.15%	19.79%	−6.64%	3.09%
资产总计	100.00%	100.00%	0.00	55.02%

(续表)

负债类	占总负债的百分比	占总负债的百分比	变动	同比增长
流动负债				
短期借款	1.10%	0.52%	0.58%	305.00%
应付账款	0.30%	0.79%	−0.49%	−26.68%
预收款项	0.50%	0.90%	−0.40%	6.37%
卖出回购金融资产款	13.47%	6.66%	6.81%	288.12%
应付职工薪酬	0.87%	1.49%	−0.62%	11.61%
应交税费	0.23%	0.20%	0.03%	122.07%
应付利息	0.29%	0.04%	0.25%	1 230.46%
其他应付款	3.27%	5.52%	−2.25%	13.58%
代理买卖证券款	48.49%	77.46%	−28.97%	20.16%
应付短期债券	11.55%	4.24%	7.31%	422.83%
流动负债合计	80.04%	97.81%	−17.77%	57.08%
非流动负债				
应付债券	19.91%	2.12%	17.79%	1 702.67%
递延收益	0.00	0.03%	−0.03%	−73.61%
递延所得税负债	0.04%	0.08%	−0.04%	−3.28%
非流动负债合计	19.96%	2.23%	17.73%	1 614.65%
负债合计	100.00%	100.00%	0.00	91.94%
所有者权益(或股东权益)	占股东权益的百分比	占股东权益的百分比	变动	同比增长
实收资本(或股本)	29.22%	27.73%	1.49%	20.55%
其他权益工具	8.30%	0.00	8.30%	
资本公积	42.53%	53.21%	−10.68%	−8.54%
盈余公积	2.12%	2.07%	0.05%	17.47%
未分配利润	17.81%	16.94%	0.87%	20.60%
少数股东权益	0.02%	0.05%	−0.03%	−58.01%
股东权益合计	100.00%	100.00%	0.00	14.42%

注解:

(1)结算备付金是证监会和银监会首次提出的概念。结算备付金的定义并没有明确给出,但对缴纳数额作出了界定。结算备付金是指结算参与人根据规定,存放在其资金交收账户中用于证券交易及非交易结算的资金。资金交收账户即结算备付金账户。

(2)对于互联网金融行业而言,拆出资金就是企业的融出资金。

(3)买入返售金融资产指公司按返售协议约定先买入,再按固定价格返售的证券等金融资产所融出的资金。

在资产构成中,公司 2017 年流动资产所占比重为 86.85％,比 2016 年(80.21％)上升了 6.64％,非流动资产所占比重下降了 6.64％。公司的流动资产与非流动资产的比重变化主要来源于货币资金、拆出资金、买入返售金融资产、固定资产的变动。

从分项来看,流动资产构成中,货币资金、拆出资金和买入返售金融资产占总资产的比重比较大,分别占总资产的 28.87％、23.53％、13.07％。其中,与 2016 年相比,货币资金增长了 24.61％,货币资金增长幅度低于公司总资产增幅。拆出资金增长了 131.44％,主要原因是公司融资融券业务规模增长。买入返售金融资产增长了 350.78％,买入返售金融资产较年初增长了350.82％,主要是因为质押式回购、买断式回购业务规模增长。

此外,以公允价值计量且其变动计入当期损益的金融资产较年初增长了127.73％,主要是因为购买的理财产品及债券类金融资产增加。

从负债的构成看,2017 年公司流动负债所占比重为 80.04％,比 2016 年(97.81％)减少了 17.77％,非流动负债占总负债的比重则上升了 17.73％。公司的流动负债与非流动负债的比重变化主要来源于卖出回购金融资产款、代理买卖证券款、应付债券的变动。

从分项来看,流动负债构成中,卖出回购金融资产款、代理买卖证券款、应付短期债券占总负债的比重较大,分别占总负债的 13.47％、48.49％和11.55％。其中,卖出回购金融资产款比年初增长了 288.12％,主要由公司融资业务债权收益权转让及回购业务、买断式回购业务规模的增长导致。代理买卖证券款比年初增长了 20.16％,增幅低于公司总资产增幅。应付短期债券比年初增长了 422.83％,主要由公司证券发行的 6 个月、11 个月和 1 年的收益凭证增加所致。应付短期融资券如表 7.36 所示。

表 7.36

应付短期融资券

债券名称(类别)	发行金额(元)	期末余额(元)	期初余额(元)
3 个月期收益凭证	113 578 000.00	113 578 000.00	400 000 000.00
4 个月期收益凭证	200 000 000.00	200 000 000.00	
6 个月期收益凭证	1 224 770 000.00	1 224 770 000.00	200 000 000.00
11 个月期收益凭证	50 000 000.00	50 000 000.00	
1 年期收益凭证	1 548 454 000.00	1 548 454 000.00	
合计	3 136 802 000.00	3 136 802 000.00	600 000 000.00

非流动负债构成中,应付债券占总负债的比重较大,与年初相比,应付债券增加了 1 702.67％,这主要是由于公司发行可转债及次级债、两年期收益凭证所致,如表 7.37 所示。

名师精品 ·
Gaozhigaozhuan Kuaiji Xilie
高职高专会计系列

表 7.37

应付债券

项目	期末余额(元)	期初余额(元)
可转换公司债券	3 406 935 919.01	
次级债务	1 500 000 000.00	300 000 000.00
收益凭证	500 669 827.31	
合计	5 407 605 746.32	300 000 000.00

　　从所有者权益的构成中,可以看到,实收资本、资本公积和未分配利润占所有者权益比重较大。其中实收资本较年初增加了 20.55%,主要是因为发行新股和公积金转增资本所致。资本公积较年初减少了 8.54%,根据报表附注可知,主要是因股票期权行权增加资本公积 60 329 253.60 元,因股票期权行权由其他资本公积转入资本溢价 45 555 950.00 元,因购买子公司微兆科技少数股东持有的 13.55%股份、子公司东方财富证券购买久恒期货的少数股东持有的 3.16%股份,增加 99 931 146.05 元。而本期减少则是资本公积转增股本所致。此外,未分配利润较年初增加了 20.6%,主要是本期收益增加所致。相关变动如表 7.38 至表 7.40 所示。

表 7.38

实收资本的变动

	期初余额(元)	本次变动增减(+、-)		期末余额(元)
		发行新股	公积金转股	
股份总数	3 558 321 299.00	18 794 160.00	711 664 259.00	4 288 779 718.00

表 7.39

资本公积的变动

项目	期初余额(元)	本期增加(元)	本期减少(元)	期末余额(元)
资本溢价(股本溢价)	6 683 231 214.39	99 931 146.05	711 664 259.00	6 071 498 101.44
其他资本公积	143 930 744.28	79 886 014.60	51 114 570.00	172 702 188.88
(1) 其他	70 646 900.28	40 353 740.60		111 000 640.88
(2) 权益结算的股份支付	73 283 844.00	39 532 274.00	51 114 570.00	61 701 548.00
合计	6 827 161 958.67	179 817 160.65	762 778 829.00	6 244 200 290.32

表 7.40

未分配利润

项目	本期(元)	上期(元)
调整前上期末未分配利润	2 174 759 588.07	1 680 628 191.27
调整后期初未分配利润	2 174 759 588.07	1 680 628 191.27
加:本期归属于母公司所有者的净利润	636 901 644.02	713 768 803.87

（续表）

项目	本期(元)	上期(元)
减:提取法定盈余公积	46 314 635.75	34 248 201.87
应付普通股股利	142 332 851.96	185 389 205.20
期末未分配利润	2 623 013 744.38	2 174 759 588.07

三、利润表项目分析

从利润构成中可以发现,公司2017年营业利润较2016年增加了0.09亿元,利润总额减少了1.19亿元,净利润减少了0.77亿元,同比减少了10.81%,如表7.41所示。

表7.41

东方财富2016—2017年利润构成

利润表项目	2017/12/31		2016/12/31		绝对值变动(亿元)
	数值(亿元)	占比	数值(亿元)	占比	
营业收入	25.47	1.00%	23.52	1.00%	1.95
营业成本	3.97	−0.36%	3.23	−0.27%	0.74
税金及附加	0.27	−0.02%	0.52	−0.04%	−0.25
期间费用	15.70	−1.41%	13.10	−1.09%	2.60
销售费用	3.16	−0.28%	2.66	−0.22%	0.50
管理费用	12.80	−1.15%	11.10	−0.93%	1.70
财务费用	−0.32	0.03%	−0.67	0.06%	0.35
资产减值损失	0.81	−0.07%	0.17	−0.01%	0.64
公允价值变动损益	−0.22	−0.02%	−0.25	−0.02%	0.03
投资收益	2.01	0.18%	0.45	0.04%	1.56
营业利润	6.76	0.61%	6.67	0.55%	0.09
加:营业外收入	0.06	0.01%	1.40	0.12%	−1.34
减:营业外支出	0.03	0.00	0.09	−0.01%	−0.06
总利润	6.79	0.61%	7.98	0.66%	−1.19
减:所得税	0.44	−0.04%	0.86	−0.07%	−0.42
净利润	6.35	0.57%	7.12	0.59%	−0.77

从分项来看,2017年营业收入较2016年增加了1.95亿元,同比增加了8.29%。分行业看,证券业占比56.32%,同比增长24.87%,增长较快。信息技术服务业也占比43.68%,同比减少了7.54%,这可能与行业竞争激烈有关。从分服务看,证券服务占比56.32%,同比增长24.87%,增长较快。金融电子商务服务占比33.15%,同比减少3.04%。金融数据服务占比6.64%,同比减少23.03%。互联网广告服务占比3.1%,同比减少19.06%。可以看出,目前公司的主业中,证券服务收入在不断增长,而金融电子商务服务等业务收入在降低。营业收入如表7.42所示。

表 7.42

营业收入

	2017 年		2016 年		同比增减
	金额(元)	占营业总收入比重	金额(元)	占营业总收入比重	
营业总收入合计	2 546 785 181.27	100.00%	2 351 818 010.17	100.00%	8.29%
分行业					
证券业	1 434 425 793.55	56.32%	1 148 766 712.75	48.85%	24.87%
信息技术服务业	1 112 359 387.72	43.68%	1 203 051 297.42	51.15%	−7.54%
分服务					
证券服务	1 434 425 793.55	56.32%	1 148 766 712.75	48.85%	24.87%
金融电子商务服务	844 201 334.76	33.15%	870 649 230.27	37.02%	−3.04%
金融数据服务	169 155 857.38	6.64%	219 774 979.87	9.34%	−23.03%
互联网广告服务	78 993 692.78	3.10%	97 594 690.04	4.15%	−19.06%
其他	20 008 502.80	0.79%	15 032 397.24	0.64%	33.10%

此外,从营业成本构成可以看出,信息技术服务业的成本占总成本的60.05%,同比增长25.23%。为何信息技术服务业的收入在不断增长,而成本却在快速增加,需要通过收集进一步的数据查找原因,营业成本构成如表7.43所示。

表 7.43

营业成本构成

行业分类	项目	2017 年		2016 年		同比增减
		金额(元)	占营业成本比重	金额(元)	占营业成本比重	
信息技术服务业	网络技术及信息数据费	238 382 867.32	60.05%	190 358 798.63	58.92%	25.23%

期间费用增加了2.6亿元,同比增长约20%。其中,销售费用增加了0.5亿元,同比增长18.80%,管理费用增加了1.7亿元,同比增长15.32%,财务费用减少额降低了0.35亿元,同比减少额下降了52.24%。通过费用构成表,并结合附注可知,销售费用的增加主要是公司广告宣传费等增加。管理费用的增加主要是公司职工薪酬、固定资产折旧费用增加。财务费用的减少额下降主要是因为利息支出同比增加,利息收入同比减少。相关费用的构成如表7.44至表7.47所示。

表 7.44

期间费用构成

项目	2017 年	2016 年	同比增减
销售费用(元)	315 824 916.10	266 039 531.91	18.71%
管理费用(元)	1 283 307 695.92	1 113 680 691.84	15.23%
财务费用(元)	−32 303 606.15	−66 536 186.80	−51.45%

表 7.45

销售费用的构成

项目	本期发生额(元)	上期发生额(元)
销售费用	315 824 916.10	266 039 531.91
其中:主要费用项目		
职工薪酬	164 156 271.49	172 072 953.20
广告、宣传费用	93 179 362.87	57 436 881.79
租赁费用	15 771 266.36	16 332 760.43
技术、咨询服务费	28 506 536.98	3 449 707.94
水电费	3 028 028.55	3 326 462.07
长期待摊费用摊销	2 933 673.95	2 945 210.19
固定资产折旧	700 456.92	787 870.72
无形资产摊销	615 011.92	552 927.43

表 7.46

管理费用的构成

项目	本期发生额(元)	上期发生额(元)
管理费用	1 283 307 695.92	1 113 680 691.84
其中:主要费用项目		
职工薪酬	644 943 244.55	522 861 067.72
研发费用	182 042 674.11	178 402 759.84
中介机构费	38 991 545.06	95 210 214.60
租赁费	60 759 560.60	55 147 818.48
低值易耗品摊销	8 222 405.61	7 711 516.48
无形资产摊销	23 386 346.52	22 812 750.88
折旧费	94 796 975.20	52 700 148.34
投资者保护基金	21 922 586.56	23 940 730.99
长期待摊费用摊销	13 102 288.98	13 378 327.13

表 7.47

财务费用的构成

项目	本期发生额(元)	上期发生额(元)
利息支出	26 081 882.30	2 674 081.80
减:利息收入	66 036 883.55	70 960 132.45
汇兑损益	4 260 158.94	−1 324 603.80
银行手续费等	3 391 236.16	3 074 467.65
合计	−32 303 606.15	−66 536 186.80

此外,营业外支出金额变动较小,营业外收入减少了1.34亿元,较上期下降了95.7%,主要原因是企业本期未收到政府补助,如表7.48所示。

表7.48

营业外收入

项目	本期发生额(元)	上期发生额(元)
政府补助		138 271 668.88
其他	6 184 565.94	1 906 351.39
合计	6 184 565.94	140 178 020.27

综上所述,净利润的减少主要因为期间费用的增加过快,以及营业外收入减少所致。

四、现金流量表分析

(1) 报告期内,经营活动产生的现金流入同比增加22.63%,现金流出同比增加33.87%,经营活动产生的现金流量净流出同比增加45.7%,大幅增加,根据报表附注可知,主要原因是融出资金净增加额同比增加,处置以公允价值计量且其变动计入当期损益的金融资产净减少额同比增加。

(2) 报告期内,投资活动产生的现金流入同比增加270.08%,现金流出同比减少50.77%,投资活动产生的现金流量净流出同比减少96.17%,大幅减少,根据报表附注可知,主要原因是上年公司购买了办公楼及配套车位。

(3) 报告期内,筹资活动产生的现金流入同比增加179.8%,现金流出同比增加458.17%,筹资活动产生的现金流量净流入同比增加116.7%,大幅增加,根据报表附注可知,主要原因是公司发行可转债,发行收益凭证规模同比增长及发行次级债。

综上所述,企业的经营活动所产生的现金流为负数,投资活动所产生的现金流为负数,筹资活动所产生的现金流为正数。可以看出企业正在快速增长,需要大量的现金流,由于自身营运活动和投资活动产生的现金流不能满足需求,因此,需要加大筹资,融资压力较大。

以上分析如表7.49和表7.50所示。

表7.49

现金流量表

项目	2017年(元)	2016年(元)	同比增减
经营活动现金流入小计	5 455 274 293.92	4 448 484 010.32	22.63%
经营活动现金流出小计	11 615 200 479.70	8 676 427 132.43	33.87%
经营活动产生的现金流量净额	−6 159 926 185.78	−4 227 943 122.11	45.70%
投资活动现金流入小计	951 692 385.13	257 156 269.14	270.08%

（续表）

项目	2017 年(元)	2016 年(元)	同比增减
投资活动现金流出小计	1 021 329 977.35	2 074 770 856.82	−50.77％
投资活动产生的现金流量净额	−69 637 592.22	−1 817 614 587.68	−96.17％
筹资活动现金流入小计	14 087 831 947.42	5 034 898 160.50	179.80％
筹资活动现金流出小计	5 193 542 803.53	930 464 446.81	458.17％
筹资活动产生的现金流量净额	8 894 289 143.89	4 104 433 713.69	116.70％
现金及现金等价物净增加额	2 650 325 621.64	−1 938 669 817.42	−236.71％

表 7.50

东方财富 2016—2017 年现金流量表

现金流量表项目	2017/12/31 (亿元)	2016/12/31 (亿元)	绝对值增加额 (亿元)
经营活动产生的现金流量			
销售商品、提供劳务收到的现金	11.69	12.52	−0.83
处置交易性金融资产净增加额	0	7.593	−7.593
收取利息、手续费及佣金的现金	21.51	16.02	5.49
收到的税费返还	0.449 6	0.486 9	−0.037 3
收到其他与经营活动有关的现金	3.302	7.861	−4.559
经营活动现金流入小计	54.55	44.48	10.07
购买商品、接受劳务支付的现金	3.587	3.666	−0.079
客户贷款及垫款净增加额	0.029 16	0	0.029 16
支付利息、手续费及佣金的现金	5.573	3.279	2.294
支付给职工以及为职工支付的现金	8.911	7.938	0.973
支付的各项税费	1.976	2.734	−0.758
支付其他与经营活动有关的现金	9.797	5.364	4.433
经营活动现金流出小计	116.2	86.76	29.44
经营活动产生的现金流量净额	−61.6	−42.28	−19.32
投资活动产生的现金流量			
收回投资收到的现金	0.068 4	0.120 5	−0.052 1
取得投资收益收到的现金	0.192 7	0	0.192 7
处置固定资产、无形资产和其他长期资产收回的现金净额	0.008 425	0.031 28	−0.022 86
收到其他与投资活动有关的现金	9.247	2.42	6.827
投资活动现金流入小计	9.517	2.572	6.945
购建固定资产、无形资产和其他长期资产支付的现金	2.492	16.42	−13.928
投资支付的现金	0.39	0.126 6	0.263 4

名师精品
·
高职高专会计系列
Gaozhigaozhuan Kuaiji Xilie

（续表）

现金流量表项目	2017/12/31（亿元）	2016/12/31（亿元）	绝对值增加额（亿元）
支付其他与投资活动有关的现金	7.331	4.205	3.126
投资活动现金流出小计	10.21	20.75	−10.54
投资活动产生的现金流量净额	−0.696 4	−18.18	17.483 6
筹资活动产生的现金流量			
吸收投资收到的现金	0.806 2	40.57	−39.763 8
子公司吸收少数股东投资收到的现金	0.015	0	0.015
取得借款收到的现金	2.98	0.735 8	2.244 2
发行债券收到的现金	137.1	9.04	128.06
筹资活动现金流入小计	140.9	50.35	90.55
偿还债务支付的现金	49.31	7.04	42.27
分配股利、利润或偿付利息支付的现金	2.63	2.265	0.365
筹资活动现金流出小计	51.94	9.305	42.635
筹资活动产生的现金流量净额	88.94	41.04	47.9
汇率变动对现金及现金等价物的影响	−0.144	0.024 54	−0.168 54
现金及现金等价物净增加额	26.5	−19.39	45.89
加：期初现金及现金等价物余额	117.6	137	−19.4
期末现金及现金等价物余额	144.2	117.6	26.6

五、财务指标分析

（一）偿债能力分析

2017年公司的资产负债率为64.92%，与2015年基本持平，但高于2016年的52.45%，表明企业的长期偿债能力较上年有所下降。公司的流动比率和速动比率为1.67和1.66，比2015年和2016年的比率均大，且呈现上升的趋势，表明企业的短期流动性在增强。此外，流动负债占总负债的比例较2016年和2015年均有所下降，表明企业长期债融资比例在增大。企业短期偿债压力较小。偿债能力指标如表7.51所示。

表7.51

偿债能力指标

财务指标	2017/12/31	2016/12/31	2015/12/31
资产负债率	64.92%	52.45%	65.55%
流动负债/总负债	80.05%	97.77%	96.64%
流动比率	1.67%	1.56%	1.31%
速动比率	1.66%	1.55%	1.31%

(二) 营运能力分析

2017 年总资产的周转率由 2016 年的 0.09 下降到 0.07,远低于 2015 年的 0.2,表明企业的总资产的利用效率在下降。这与企业的总资产大幅扩张,而收入未实现大幅增长有关。应收账款周转天数从 2015 年的 27.67 天上升到 2017 年的 98.08 天,增加了近 3 倍,表明企业的应收账款的回收正在恶化,企业应当加强应收账款的回收,降低应收账款的账期。存货的周转天数由 2016 年 75.18 天上升到 2017 年的 125.67 天,增加了近 1 倍,表明存货的周转周期在扩大,企业需要加强存货的管控,如表 7.52 所示。

表 7.52

营运能力指标

营运能力指标	2017/12/31	2016/12/31	2015/12/31
总资产周转率(次)	0.07	0.09	0.2
应收账款周转天数(天)	98.08	90.54	27.67
存货周转天数(天)	125.67	75.18	

(三) 盈利能力分析

企业的毛利率从 2015 年的 88.48% 下降到 2017 年的 64.31%,且近 3 年保持了下降的趋势。企业的净利率较上年下降了 3.6%,且近 3 年保持了下降的趋势。企业的净资产收益率较上年下降了 26%,且近 3 年保持了下降的趋势。企业的总资产收益率较上年下降了 35%,且近 3 年保持了下降的趋势。

综上所述,可以看出企业的盈利能力近 3 年一直在下降。管理层需要引起高度关注。想办法增加收入,控制成本,从而提高净利润。此外需要进一步关注净资产和总资产的收益率的变化,严格控制企业的经营规模,提高企业资产的盈利能力,如表 7.53 所示。

表 7.53

盈利能力指标

盈利能力指标	2017/12/31	2016/12/31	2015/12/31
加权净资产收益率	4.86%	6.6%	66.42%
总资产收益率	1.84%	2.81%	12.36%
毛利率	64.31%	73.15%	88.48%
净利率	57.07%	59.22%	65.72%

(四) 企业成长能力分析

虽然,企业的营业收入较上年有所增加,但是,企业的毛利润和净利润较上年均有所减少,且近三年保持了下降的趋势。净利润增长率虽然比上年有所提高,但是仍然处于下降的趋势。由此可以看出,企业的成长能力仍需要改善,如表 7.54 所示。

表 7.54

成长能力指标

成长能力指标	2017/12/31	2016/12/31	2015/12/31
营业总收入(亿元)	25.5	23.5	29.3
毛利润(亿元)	6.88	8.28	24.4
归属净利润(亿元)	6.37	7.14	18.5
营业收入增长率	8.29%	−19.62%	378.08%
净利润增长率	−10.77%	−61.39%	1 015.45%

综合以上指标分析,可以看出,企业的经营状况正在恶化。无论偿债能力还是营运能力、盈利能力和成长性都需要提高。企业管理层需找出较好的应对策略,从多方面提高企业的盈利能力和成长性。